Smercek
Das Dschungel-Seminar

Boris von Smercek

Das Dschungel-Seminar

Eine Businessfabel

Mit einem Vorwort von
Sabine Asgodom

Econ

Der Econ Verlag ist ein Unternehmen der
Econ Ullstein List Verlag GmbH & Co. KG, München

1. Auflage 2002

ISBN 3-430-18571-8

© 2002 by Econ Ullstein List
Verlag GmbH & Co. KG, München
Grafiken: Jakob Werth, München
Gesetzt aus der Trump Mediaeval 10,9/14,8 pt bei
Franzis print & media GmbH, München
Layout/Herstellung: Helga Schörnig
Druck und Bindearbeiten: Clausen & Bosse, Leck
Printed in Germany

Vorwort

Ja, ja, ich bin auch so eine alte Trainer-Eule: Als ich das *Dschungel-Seminar* zum ersten Mal las, erkannte ich mich in so vielen Szenen wieder – aber auch Seminarteilnehmer, mit denen ich schon zu tun hatte. Ob Mitarbeiter, die von ihren Unternehmen geschickt wurden, oder »Freiwillige« oder gar »Fans«: Die Teilnehmer sind eine bunte Mischung von Persönlichkeiten, die mit ganz unterschiedlichen Erwartungen kommen:

Da sind einmal die Perfektionisten, die »eigentlich« viel zu viel Arbeit haben, gar nicht weg könnten, missgelaunt und nervös zum Seminar kommen, die ihr Handy nicht ausschalten wollen – »Ich muss schließlich erreichbar sein.«

Dann gibt es welche, die Seminare grundsätzlich albern finden, »Was soll dieser Psychokäse? Heute tanzen wir um den Hexenstein, oder was?«

Manche freuen sich tatsächlich auf das Seminar, wenn auch vielleicht vor allem darauf, mal ein paar Tage aus dem Alltagstrott herauszukommen.

Andere kommen in der seminarerprobten Kritikerrolle, »Das ist doch alles ganz anders! In meinem letzten Kurs, und den hat wirklich ein Profi gehalten, haben wir gelernt …«

Im Gegensatz dazu stehen wiederum die »Von-den-Lippen-Ablesern«, die sich Rezepte und die Heilung aller ihrer Kränkungen wünschen oder ein-

5

fach »Charisma in drei Tagen«. Und die danach den Seminarleiter verantwortlich machen, wenn nicht all ihre Probleme gelöst sind.

Und schließlich finden sich die alten Hasen – »Welcher Herr Wichtig will mir denn erzählen, wie ich meine Arbeit machen soll? Nach fünfundzwanzig Berufsjahren? Da lach ich doch nur!«

Keine leichte Herausforderung für einen Trainer. Aber welch eine Freude, wenn man dann im Lauf des Seminars sehen kann, wie aus all diesen unterschiedlichen Typen ein Team wird. Es ist so interessant zu sehen, wie in kürzester Zeit fremde Menschen sich zu einer stärkenden Gemeinschaft entwickeln. Wie Widerstände sinken und Vertrautheit entsteht. Wie der Wunsch sichtbar wird, sich gegenseitig Feedback zu geben, voneinander zu lernen und sich gedankliche Alternativen vorzustellen.

Welche Erleichterung ist es für die Teilnehmer, von den anderen zu hören, dass sie in ganz ähnlichen Zwickmühlen stecken, ganz ähnliche Probleme haben. Das Schönste am Seminar ist doch, dass wir im anderen die Schwächen sehen, die wir von uns selbst kennen, dass wir den anderen die Lösungen vorschlagen, die wir selbst brauchen können. Doch dies geht nur im gemeinsamen Handeln und Erleben, im Spiel, im Gespräch, in der Gruppenarbeit.

Und wie anders ist dann der Abschied im Gegensatz zum vorsichtigen Abtasten zu Beginn: Da werden Adressen ausgetauscht, wird sich ewige Freundschaft geschworen, es werden gute Ratschläge

6

mitgegeben – »Lass dich bloß nicht mehr unterbuttern!« – und Telefonkontakt gelobt. Alles wird ganz anders werden, das versichert man sich gegenseitig – um dann plötzlich, zurück im Unternehmen, im Büro, in der Werkhalle, ganz allein dazustehen mit all den guten Vorsätzen, den erübten Strategien und Handlungsweisen. Bei der Umsetzung ist jede und jeder wieder mutterseelenallein.

Dieses Buch kann Sie auf Seminare vorbereiten und Begleiter bei der Umsetzung sein, Vorfreude oder Erinnerung, Ansporn oder Durchhaltehilfe. Auf jeden Fall wird es eine vergnügliche Lektüre sein – folgen Sie einfach der Ameise Anton auf ihrem Weg durchs *Dschungel-Seminar.*

Sabine Asgodom
Trainerin, Coach und Buchautorin, Inhaberin von
Asgodom Live in München

Ein paar persönliche Gedanken am Anfang

Viele Jahre lang arbeitete ich als Ausbilder und Seminarleiter bei einem großen deutschen Kreditinstitut, und das sehr gern. Ja, ich gebe es offen zu – so ganz leicht gefallen ist mir der Abschied nicht. Ich hatte stets den Eindruck gehabt, dort etwas Wichtiges und Sinnvolles zu tun. Was kann einem Besseres passieren? Dennoch habe ich irgendwann den Entschluss gefasst zu kündigen.

Warum?

Jeder, der es schon einmal versucht hat, weiß, wie schwierig es ist, Bücher in der knapp bemessenen Freizeit zu verfassen. Meist kommt irgendetwas dazwischen, und sitzt man dann endlich am Computer, fehlen einem die Ideen. Kurz und gut, ich machte mein Hobby, das Schreiben, zum Beruf – und meinen Beruf zum Hobby. Ich gebe Seminare. Nicht mehr so oft wie früher, aber zumindest hin und wieder. So komme ich unter Menschen und laufe nicht Gefahr, ein weltfremder Eigenbrötler zu werden.

Natürlich flossen die Erfahrungen, die ich im Lauf meiner Trainertätigkeit sammeln konnte, in dieses Buch ein. Die Seminarteilnehmer, die Ihnen beim Lesen begegnen werden, kommen Ihnen sicher bekannt vor, auch wenn ich gelegentlich ein bisschen übertreibe.

Aber ich habe auch ein wenig recherchiert, wie sich das für einen seriösen Schriftsteller (soweit es das überhaupt gibt) gehört. Das zentrale Thema des Buches heißt »Erfolg«. Grundvoraussetzung hierfür ist das Erkennen der eigenen Stärken, außerdem die Bereitschaft dazuzulernen. Nur auf dieser Basis kann man sich bewusst weiterentwickeln, sprich seine Stärken ausbauen und die eine oder andere Schwäche wettmachen. Das gilt übrigens nicht nur für das Berufsleben, sondern ebenso für den Privatbereich. Denn die Erfolgsregeln, die ich Ihnen im *Dschungel-Seminar* aufzeige, sind allgemein gültig. Diese Regeln sind nichts Neues. Im Gegenteil, sie sind Binsenweisheiten. Kritische Leser mögen sich fragen, wozu diese Fabel dann überhaupt gut sein soll!

Ich halte dagegen: Sind es nicht gerade die grundsätzlichen Dinge des Lebens – eben die Binsenweisheiten –, die man im Alltagsstress nur allzu oft übersieht? Das beste Beispiel: Wir alle wissen, dass wir nur ein Leben haben. Aber wie wenig Menschen gehen mit ihrer Zeit tatsächlich um, als sei sie ein kostbares Gut?

Das *Dschungel-Seminar* soll die Augen öffnen für Erfolgsfaktoren, die so selbstverständlich sind, dass man sich ihrer gar nicht mehr bewusst ist. Es soll wachrütteln, sensibilisieren und zum Nachdenken anregen. Wenn das gelingt, habe ich mein Ziel erreicht.

So lade ich Sie also herzlich ein, sich mit Anton, der Ameise, auf den Weg zum *Dschungel-Seminar* zu machen, um ... ach, am besten, Sie lesen selbst!

Boris von Smercek

Der erste Tag

Wie jeden Morgen erhob sich die Sonne über den Horizont, um den Frühnebel zu vertreiben, der auf der afrikanischen Steppe lag. Die Schatten der Bäume schrumpften mehr und mehr, und die weite Ebene begann sich aufzuheizen wie ein Backofen. Vögel zwitscherten in den Zweigen, Antilopen und Gnus weideten die dürren Gräser ab, Giraffen reckten ihre langen Hälse dem Himmel entgegen. Für die meisten Tiere war es ein Morgen wie jeder andere.

Für Ameise Anton allerdings ganz und gar nicht. Normalerweise führte Anton ein gewöhnliches Ameisenleben, arbeitsam, emsig und stets hektisch. Aber geregelt! Und das gefiel ihm – ausgesprochen gut sogar. Er lebte mit Amelie, seiner Angebeteten, in einer kleinen Höhlennische etwas außerhalb des Ameisenhügelzentrums. Die Nische bot ihnen nicht allzu viel Komfort, doch sie war gemütlich und genügte ihnen vollauf. Vor lauter Geschäftigkeit war Anton ohnehin nur selten zu Hause. Sehr zum Leidwesen von Amelie, die gern mehr Zeit mit ihrem Liebsten verbracht hätte. Aber was konnte Anton schon daran ändern? So war eben der Lauf der Ameisenwelt.

Anton hatte einen Job als Tunnelgräber, nichts übermäßig Anspruchsvolles, aber einigermaßen abwechslungsreich. Immerhin kam er viel herum. Außerdem war seine Arbeit wichtig.

Ohne Tunnel konnte kein Ameisenhügel funktionieren, und nur wenn das weit verzweigte Netz aus Gängen und Schächten gut angelegt war, klappte das Zusammenspiel aller reibungslos. Und letztlich verdiente Anton genügend Getreidekörner, um sich und Amelie ernähren zu können.

Ja, im Allgemeinen war Anton mit sich und seinem Leben durchaus zufrieden.

Im Allgemeinen.

Nicht jedoch heute. Heute hatte Anton trotz des heißen Steppensands kalte Füße – und als Ameise gleich sechs davon. Denn anstatt wie jeden Tag mit Amelie ein gemütliches Frühstück einzunehmen, anschließend zur Arbeit zu gehen und abends wieder nach Hause zu kommen, erwartete ihn heute ein ungewisses Schicksal.

Sein Rucksack lastete schwer auf seinem Rücken. Er dachte an das Getreidekorn, das Amelie ihm für die Reise eingepackt hatte, aber er verspürte keinen Hunger. Eher das Gegenteil.

Als er sich heute morgen von Amelie verabschiedet hatte, hatte sie ihm viel Spaß gewünscht.

Er hatte geantwortet:»Danke, den werde ich haben.«

Von wegen!

Anton sah zum Himmel und wischte sich eine Schweißperle von der Stirn. Es war kalter Schweiß, ebenso kalt wie seine Füße. Wenn er nur gewusst hätte, was ihm bevorstand! Die Ungewissheit machte ihn nervös, in den letzten Tagen war er, aufgeregt und ruhelos, so oft durch die Gänge getippelt, dass seine Kollegen ihn schon gefragt hatten, ob er für die Ameisen-Olympiade trainiere.

Sie hatten leicht Lachen! Sie mussten ja nicht den Bau verlassen, um ...

Ja, um was genau eigentlich zu tun?

Anton wusste es nicht. Nicht einmal sein Vorgesetzter, der Tunnelgrabungsleiter, hatte ihn ins Bild gesetzt. Alles, was er gesagt hatte, war: »Jemand aus unserer Abteilung muss dieses Seminar besuchen. Ich möchte, dass du dorthin gehst, Anton.«

Ein Seminar!

Auch der Tunnelgrabungsleiter hatte ihm viel Spaß gewünscht und dabei eine Miene aufgesetzt, als würde er Anton einen Gefallen tun. Dabei wusste er ganz genau, wie viele Tunnel Anton diesen Monat noch graben musste und wie wichtig es war, dass diese Tunnel rechtzeitig fertig wurden. Anton durfte gar nicht daran denken, dass dieses Seminar eine ganze Woche dauern sollte. Sieben Tage lang würde niemand Antons Tunnel graben. Eine Vertretung gab es für ihn nicht, seine Kollegen hatten selbst mehr als genug zu tun. Vermutlich kamen in den nächsten sieben Tagen sogar noch mehr Aufträge hinzu. Wie sollte er das nur alles bewerkstelligen? Anton hätte gute Lust gehabt, seinem Vorgesetzten einmal richtig die Meinung zu sagen. Was hatte er sich nur dabei gedacht, als er Anton für das Seminar auswählte? Viel konnte es jedenfalls nicht gewesen sein, davon war Anton überzeugt.

Oder wollte der Tunnelgrabungsleiter ihm auf diese Weise nur zu verstehen geben, dass er mit

Antons Arbeit nicht zufrieden war? Dass Anton seine Tunnel zu langsam, zu ungenau oder zu umständlich grub? Dieser Gedanke war ihm noch gar nicht gekommen. Seine Füße wurden augenblicklich noch kälter, als sie ohnehin schon waren.

Anton versuchte, diese Sorgen beiseite zu schieben. Bisher hatte er stets den Eindruck gehabt, dass sein Chef mit ihm zufrieden war. Sicher, er war kein Überflieger wie jener Kollege, der direkt nach dem Architekturstudium zum Bauleiter für die Gemächer der Ameisenkönigin ernannt worden war. Aber er war auch nicht so faul und unmotiviert wie jener Geselle, der morgens regelmäßig verschlief und nur zur Arbeit erschien, um sich einen Schluck Läusesirup zu genehmigen und dann weiterzuschlafen. Nein, Anton war ein solider, zuverlässiger Ameisenarbeiter, zumindest hielt er sich für einen solchen.

Sollte er sich geirrt haben?

Neben diesen eher vagen Sorgen belastete Anton eine andere, weitaus größere Angst. Er hatte zwar noch nie an einem Seminar teilgenommen, aber er hatte mit Kollegen gesprochen, die diese – äußerst unangenehme – Erfahrung bereits hinter sich hatten. Von ihnen wusste Anton, dass alle Seminare recht ähnlich verliefen.

Im Grunde hätte ihn diese Tatsache ein wenig beruhigen sollen, aber das tat sie nicht. Denn Anton wusste: Neben Gruppenarbeiten und Vorträgen des Seminarleiters warteten auch Rollenspiele und Präsentationen auf ihn – eine Aussicht, die seine Füße augenblicklich zu wahren Eisklötzen werden ließ.

14

Er hoffte schon jetzt inständig, dass die nächsten Tage einigermaßen glimpflich an ihm vorübergehen mochten.

Anton warf abermals einen Blick gen Himmel. Der Stand der Sonne zeigte ihm, dass er spät dran war. Vor lauter Sorgen und Gedanken hatte er die Zeit völlig vergessen. Er beschleunigte seinen Schritt, das half ihm für gewöhnlich, Stress abzubauen. Außerdem wollte er nicht erst ankommen, wenn das Seminar schon begonnen hatte. Erstens fand er es peinlich, wenn alle Blicke sich auf ihn richten würden, und zweitens – und das war noch wichtiger – wollte er nicht die Aufmerksamkeit des Seminartrainers auf sich lenken. Hatte der nämlich erst einmal ein Auge auf jemanden geworfen, war man schnell für alle möglichen Aufgaben der »Freiwillige« – was es unter allen Umständen zu vermeiden galt.

Also rückte Anton seinen Rucksack zurecht und sputete sich. Sicher ist sicher, dachte er. Lieber ein bisschen zu früh als zu spät.

Eine halbe Stunde lang stapfte er eilig durch die immer heißer werdende Steppe, dann änderte sich die Umgebung abrupt. Der sandige Boden ging über in weiche, feuchte Erde, das dürre Gras wich saftigen Sträuchern und Farnen. Selbst die Bäume sahen plötzlich ganz anders aus. Waren sie zuvor knorrig und vertrocknet gewesen, so strotzten sie jetzt vor dichtem Blätterwuchs. Das Laubdach schirmte nun die Sonne ab, die inzwischen glühend heiß vom Himmel brannte. Unter anderen Umständen hätte

Anton den Schatten sicher als sehr angenehm emp-
funden.

Sein Weg führte ihn quer durch den Urwald, der
immer unheimlicher wurde, je tiefer Anton in ihn
eindrang. Mehr als einmal befürchtete er, sich verlaufen zu haben. Doch als er schon kaum mehr
daran glaubte, kam er endlich an. Abgekämpft, aber
rechtzeitig. Sogar mehr als das, er war der Erste.
Nicht einmal der Seminarleiter hatte sich schon
eingefunden. Was soll's?, sagte sich Anton. So kann ich mir
wenigstens alles in Ruhe anschauen.

Nachdem er die Umgebung inspiziert hatte, kam er
zu dem Schluss, dass das Seminar in einem durchaus ansprechenden Rahmen stattfinden würde –
soweit das bei einem Seminar überhaupt möglich
war. Die Lichtung, auf der Anton sich befand, war
hell und wirkte beinahe freundlich. Jedenfalls
freundlicher als der Rest des Waldes. Einige Baumstümpfe waren halbkreisförmig um einen weiteren,
leicht erhöhten Baumstumpf angeordnet. Etwas
abseits hatte Anton ein Flussufer entdeckt. Dorthin
gewagt hatte er sich allerdings nicht, denn er mied
das Wasser, wie alle Ameisen, so gut es ging. Überhaupt mied er in der Regel alles, was sich außerhalb
des Ameisenhügels oder der belebten Ameisenpfa-
de befand. Noch nie hatte er sich allein so weit von
seinem Volk entfernt.

Aber er hatte auch noch nie seinem Vorgesetzten widersprochen. Das wäre einfach zu kühn
gewesen.

16

Folglich war er der direkten Konfrontation mit dem Tunnelgrabungsleiter aus dem Weg gegangen und hatte sich in sein Schicksal gefügt. Zumindest bis jetzt konnte er sich nicht darüber beklagen. Die Lichtung, auf der dieses unvermeidliche Seminar stattfinden würde, gefiel Anton ganz gut.

Was ihm allerdings nicht so gut gefiel, waren die anderen Seminarteilnehmer, die nach und nach eintrudelten. Zunächst kam ein Elefant namens Elmar, ein Koloss von einem Tier. Falls er – wie bekanntlich alle Elefanten – Angst vor Ameisen hatte, weil sie ihm in den Rüssel krabbeln und ihn zum Niesen bringen konnten, ließ er es sich zumindest nicht anmerken.

Zu schade, dachte Anton. Es hätte ihm gut gefallen, wenn er nicht der Einzige gewesen wäre, der sich vor irgendetwas fürchtete.

Um sich abzulenken und um herauszufinden, ob Elmar womöglich doch ein wenig Angst vor ihm hatte, fragte Anton den Elefanten nach seinem Befinden.

»Danke der Nachfrage«, sagte der Elefant. Es klang mürrisch. »Mir geht es bestens. Und selbst?«

»Ebenfalls bestens«, log Anton. Er entschied, dass der Elefant wohl tatsächlich keine Angst vor ihm hatte. Überhaupt schien der Dickhäuter vor gar nichts Angst zu haben. Na ja, wovor auch?

Ein Knacken im Unterholz lenkte Anton ab. Gespannt schaute er in die Richtung, aus der das

Geräusch gekommen war, doch nichts geschah. Erst nach einigen Augenblicken hörte Anton erneut ein Knacken, und noch bevor er irgendetwas erkennen konnte, raunte der Elefant ihm zu: »Wenn jemand sich so langsam bewegt, dann kann das nur einer sein ...«

Aus dem Buschwerk unterbrach ihn eine krächzende Stimme: »Halt ja den Rüssel, Elmar! Wenn du so alt wärst wie ich, würdest du keine so frechen Sprüche von dir geben!«

Erst einige Minuten später tauchte die Schildkröte zwischen den niedrigen Zweigen auf. Wie sich herausstellte, handelte es sich um einen resoluten Herrn mit einhundertachtzehn Jahren auf dem Buckel – oder besser gesagt auf dem mächtigen Panzer. Er war bereits seit zwei Wochen unterwegs, und hätte ihn nicht ein Nashorn ein Stück des Weges auf seinem Rücken mitgenommen, hätte die Reise wohl noch länger gedauert. Von Anton nach dem Namen gefragt, gab die Schildkröte zurück, dass sie sich angesichts ihres Alters nicht mehr daran erinnern könne. Irgendwann, vor zwanzig oder dreißig Jahren, habe sie ihn vergessen. Seitdem werde sie von Jedermann nur »Herr S.C.H.« genannt.

Elmar, der sich allem Anschein nach nicht sehr gut mit der Schildkröte verstand, wollte sich nach einem Happen zu essen umsehen, da er bereits seit über einer Stunde nichts mehr zu sich genommen hatte. Für ihn ein neuer Rekord, wie er betonte. Hungrig trottete er davon, um von den Früchten zu kosten, die man am Rand der Lichtung bereitgestellt hatte.

18

Während der Elefant sich also dem Futter widmete, begann Anton ein Gespräch mit Herrn S.C.H.

»Freust du dich auf das Seminar?«, fragte Anton.

»Freuen?«, wiederholte der gepanzerte alte Herr. »Weshalb sollte ich mich wohl freuen? Dort, wo ich herkomme, habe ich einen Haufen Arbeit zurückgelassen. Ich wage gar nicht daran zu denken, welches Chaos herrscht, wenn ich zurückkomme.«

Herr S.C.H. schien ein übellauniger Bursche zu sein. Was ihn allerdings mit Anton verband und ihn zumindest ein klein wenig sympathisch machte, war die Abneigung gegen die bevorstehenden sieben Tage.

Ob die Schildkröte wohl mehr darüber wusste, worum es in dem Seminar ging? Anton wollte sie gerade danach fragen, als der Affe auftauchte.

»Na, wen haben wir denn da?«, fragte er. »Zwei Gestalten, die aussehen, als würden sie an einer Trauerfeier teilnehmen. Was ist nur los mit euch? Mit euren Gesichtern könntet ihr ja wilde Tiere erschrecken.«

Die Schildkröte gab einen verstimmten Grunzlaut von sich.

»Ist dir eine Laus über die Leber gelaufen?«, fragte der Affe. »Oder ist dir deine Mimik entgleist, weil du wieder einmal ein Seminar besuchen musst?« Offenbar kannten sich die beiden.

Wieder grunzte die Schildkröte mürrisch vor sich hin, was die gute Laune des Affen jedoch in keiner Weise beeinträchtigte. »Und wer ist denn dieser Zwerg hier?« Er beugte sich zu Anton hinunter, um ihn besser in Augenschein nehmen zu können. »Dieses griesgrämige Gesicht – ist das etwa dein Sohn, Herr S.C.H.?« Er hatte kaum das letzte Wort gesprochen, da brach er auch schon in schallendes Gelächter aus. Von diesem Moment an war Anton klar, dass der Affe ein Blödmann war.

»Sein Name ist Alfons«, raunte die Schildkröte Anton zu, als der Affe sich davongemacht hatte, um den Elefanten zu begrüßen. »Ein unruhiger Geist. Kann keine Minute still sitzen. Er glaubt, er habe die Weisheit mit Löffeln gefressen, und er macht dauernd Späße, meist auf Kosten der anderen. Nun, du wirst ihn noch kennen lernen. Am besten, du hörst nicht auf den Unsinn, den er von sich gibt.«

Anton drehte sich um, weil er noch einmal einen Blick auf diesen unspaßigen Spaßvogel werfen wollte, doch er erstarrte plötzlich vor Schreck, als er in ein gigantisches schwarzes Loch blickte, das von weißen, messerscharfen Dolchen umrandet war. Erst als das Loch zuklappte, erkannte Anton, dass er in ein Raubtiermaul geschaut hatte.

»Kannst du nicht aufpassen, in welche Richtung du gähnst, Lea?«, schimpfte die Schildkröte. »Du hast den Winzling ja beinahe zu Tode erschreckt.«

Anton war zu aufgelöst, um sich darüber zu ärgern, dass er nach dem »Zwerg« nun auch noch als »Winzling« bezeichnet worden war. Er merkte, dass er am ganzen Leib zitterte.

»Oh, das tut mir leid«, sagte die Leopardin. Aber es klang eher gelangweilt und so, als würde es ihr kein bisschen Leid tun. Dennoch fuhr sie fort: »Es war nicht meine Absicht, dich zu erschrecken, Kleiner. Ich bin nur noch etwas müde, weil ich erst vor zehn Minuten aufgestanden bin. Bis hierher waren es ja auch nur schlappe zehn Kilometer. Ich muss erst noch richtig wach werden.« Sie gähnte noch einmal, reckte sich und sprang mit einem gewaltigen Satz auf einen der Baumstümpfe.

»Zehn Kilometer in zehn Minuten«, murmelte die Schildkröte verächtlich. »Was für eine Angeberin!«

»Offenbar gehört sie zu der ganz schnellen Truppe«, sagte Anton, der sich allmählich von seinem Schock erholte.

»Würde sie rechtzeitig aufstehen, müsste sie sich nicht so abhetzen!«, entgegnete Herr S.C.H. lapidar. »Wie dem auch sei, jedenfalls fehlt jetzt nur noch der Adler.«

»Der Adler?«, wiederholte Anton unsicher, weil er wusste, dass viele Vögel Ameisen fressen.

»Ja«, sagte die Schildkröte. »Aber du musst dir keine Sorgen machen. Er wird dir nichts tun. Ameisen stehen bei ihm nicht auf dem Speiseplan. Nichts gegen dich, Winzling, aber was das Essen betrifft, ist er ziemlich wählerisch. Überhaupt ist er ein bisschen eigen. Er heißt Eduard, nennt sich aber King Edward. Ich finde das ja albern, aber was will man machen? Immerhin ist er der König der Lüfte. Das ist wohl auch der Grund, weshalb er noch nie pünktlich zu einem Seminar gekommen ist. Hat wahrscheinlich Besseres zu tun.«

Die Schildkröte hatte noch nicht ausgesprochen, da hörte Anton über sich ein Rauschen, dann ein paar Flügelschläge, und ehe er es sich versah, wäre er um ein Haar davongeweht worden. Es gelang ihm gerade noch, sich an einen Grashalm zu klammern. Dann riss der Luftstrom ebenso schnell ab, wie er aufgekommen war, und Anton fiel zu Boden. Als er sich wieder aufgerappelt hatte, stellte er fest, dass nicht der Adler für dieses kleine Missgeschick verantwortlich war, sondern eine Eulendame, die beinahe ebenso alt zu sein schien wie Herr S.C.H.

»Einen wunderschönen guten Morgen«, sagte die Eule in die Runde. Ihre gelb-schwarzen Murmelaugen verliehen ihr einen Hauch von Klugheit und natürlicher Autorität. »Wie ich sehe, sind wir fast vollständig. Prächtig, prächtig.«

»Bist du für den Adler hier?«, fragte der Elefant, noch immer mit Fressen beschäftigt.

»Nein, nein«, sagte die Eule. »Mein Name ist Minerva. Ich führe euch in den nächsten sieben Tagen durch das Seminar.«

Anton und Herr S.C.H. nahmen ihre Plätze neben der Leopardin ein. Der Elefant setzte sich kauend und schmatzend ebenfalls hin. Nur der Affe ließ sich Zeit.

»Eule mit Weule«, flachste er, nachdem er sich endlich doch noch zu seinem Baumstumpf begeben hatte.

Minerva hatte den Kalauer überhört, zumindest tat sie so. »Nun, wir sind schon etwas über der Zeit«, sagte sie. »Weiß einer von euch, wo der Adler steckt?«

Alle schüttelten den Kopf.

»Dann, denke ich, sollten wir beginnen«, sagte die Eule. Sie sprach einige einleitende Worte, brachte zum Ausdruck, wie sehr sie sich auf die vor ihnen liegenden Tage freue und betonte, sie sei sicher, dass jeder etwas in diesem Seminar lernen könne. *Wichtige Dinge.*

Es klang überaus verheißungsvoll.

Nach der Begrüßungsrede folgte die obligatorische Vorstellungsrunde. Es sei wichtig, sich ein wenig besser kennen zu lernen, sagte Minerva, insbesondere bei einem Seminar wie diesem.

Was immer das heißen mochte, dachte Anton.

Minerva selbst ging mit gutem Beispiel voran und berichtete von ihrem ereignisreichen Leben. Sie hatte bereits viele Jobs ausgeübt, unter anderem war sie als Späherin und Mäuseexpertin beschäftigt gewesen, aber sie hatte auch schon in der Verwaltung und im Nestbau gearbeitet.

Ihre Vielseitigkeit brachte ihr den Respekt der Gruppe ein, denn ganz offensichtlich war sie jemand, der sich nicht nur theoretisch, sondern auch praktisch auskannte.

Minerva erzählte weiter, dass sie vor etlichen Jahren damit begonnen habe, andere Eulen in der Kunst des Nachtflugs zu unterrichten. Irgendwann habe sie gemerkt, dass sie nicht mehr nur Eulen schulen wollte. Außerdem war Nachtflug nicht das einzig wichtige Thema. Es gab so viel, was Minerva gelernt hatte, und so viel, was sie anderen beibringen wollte. Also hatte sie sich als Trainerin selbständig gemacht, um nunmehr alle Tiere schulen zu können.

Als Minerva mit ihrer Erzählung am Ende angelangt war und die Teilnehmer aufforderte, nun ihren eigenen Lebenslauf vorzutragen, blieb Anton beinahe das Herz stehen. Denn dummerweise hatte er sich auf einen der beiden äußeren Baumstümpfe gesetzt – die Gefahr, als Erster dranzukommen, war also groß.

Verflixt!

Glücklicherweise begann der Elefant am anderen Ende des Halbkreises freiwillig. Anton war so erleichtert, dass er gar nicht auf Elmars Worte achtete. Ebenso wenig auf das, was Alfons der Affe von sich gab. Da der Adler noch immer nicht aufgetaucht war, wurde sein Platz übersprungen. Damit war die Leopardin an der Reihe. Antons Erleichterung wich der Anspannung, bald selbst etwas sagen zu müssen. Im Geist legte er sich die Worte zurecht, als auch schon Herr S.C.H. mit seinem Vortrag begann.

Kurz darauf war es an Anton, sich vorzustellen. Er nannte seinen Namen, sein Alter und beschrieb seine Aufgabe im Ameisenhügel. Er stotterte nicht und klang, wie er glaubte, einigermaßen selbstsicher. Es lief durchaus zufrieden stellend. Nachdem er fertig war, atmete er innerlich auf. Die erste Hürde war genommen!

Minerva, die Eule, bedankte sich bei allen und wollte schon zum eigentlichen Seminarthema überleiten, als ein gellender Schrei ertönte und ein Federknäuel vom Himmel herniederschoss. Kurz bevor der gelbe, gekrümmte Schnabel, der wie ein Pfeil hervorragte, in die Erde einschlug, öffnete sich ein gigantisches Flügelpaar. Der Steilflug wurde abrupt abgebremst, und zwei krallenbewehrte Klauen setzten sanft auf dem leer gebliebenen Baumstumpf auf.

»Bin ich etwas zu spät dran?«, fragte der Adler, obwohl das offensichtlich war. Anton musste zugeben, dass er tatsächlich eine aristokratische Würde ausstrahlte. King Edward gab denn auch keine Entschuldigung von sich, sondern sagte nur: »Ich musste heute morgen noch ein paar wichtige und äußerst dringende Angelegenheiten regeln. Ihr habt dafür sicher Verständnis.«

Minerva nickte milde und sagte ohne ein Anzeichen von Gram: »Schön, dass wir jetzt vollzählig sind. Da wohl jeder weiß, dass du der König der Lüfte bist, können wir in deinem Fall auf eine Vorstellung verzichten, denke ich. Stattdessen möchte ich euch das Thema unseres Seminars vorstellen.« Sie machte eine bedeutsame Pause und sagte dann: »*Überleben im Dschungel.*«

Die Worte lagen noch in der Luft, als die Schildkröte auch schon zu murren begann. »So ein Quatsch«, sagte sie so, dass alle – auch Minerva – es hören konnten.

Der Elefant war ebenfalls wenig angetan. »Herr S.C.H. und ich sind nicht oft einer Meinung«, trompetete er, »aber in diesem Fall muss ich ihm Recht geben. Ich kann mir beim besten Willen nicht vorstellen, wofür ich dieses Seminar gebrauchen könnte.«

Leopardin und Adler pflichteten mit der Begrün-

25

dung bei, dass sie beide gar nicht im Dschungel lebten, sondern in der Savanne beziehungsweise in der Luft. Ganz offensichtlich sei bei der Auswahl der Teilnehmer ein Missgeschick passiert.

»Ich versichere euch, dass hier kein Missgeschick vorliegt«, sagte Minerva. »Zwar gab es viele Anmeldungen für das Seminar, doch ich selbst war es, die euch ausgewählt hat. Jeder Irrtum ist ausgeschlossen!«

Der Affe, der sich bislang noch nicht geäußert hatte, zuckte leichthin mit den Schultern und meinte zu den anderen: »Warum sollten wir uns dieses Seminar entgehen lassen? *Überleben im Dschungel* – das klingt doch spannend. Ich bin jedenfalls dabei.«

»Das freut mich sehr, Alfons«, sagte die Eule. »Alle anderen will ich natürlich nicht zwingen, hier zu bleiben. Aber ich bitte euch, mir ein wenig Vertrauen entgegenzubringen. Ich bin absolut davon überzeugt, dass jeder von den Erfahrungen der nächsten sieben Tage profitieren wird. Lasst euch auf dieses kleine Abenteuer ein, ihr werdet es nicht bereuen.«

Abenteuer?, dachte Anton. Wenn seine Füße nicht ohnehin schon eiskalt gewesen wären, wären sie es spätestens jetzt geworden.

Aber nachdem alle anderen sich bereit erklärten, dem Seminar zumindest eine Chance zu geben, wollte er keine Ausnahme sein. Deshalb wischte er seine Bedenken beiseite und machte gute Miene zum bösen Spiel.

»Bevor es richtig losgeht, solltet ihr euch über etwas bewusst werden«, sagte Minerva. »Ich möchte, dass ihr euch klarmacht, was eure größte Stärke ist. Jeder von euch hat in seinem Beruf eine wichtige Aufgabe zu erfüllen. Das habt ihr gerade selbst erzählt. Aber habt ihr euch schon einmal gefragt, worin euer ganz persönliches größtes Plus liegt?« Sie ließ die Frage einen Moment wirken, bevor sie mit melodiöser Stimme weitersprach: »Nehmt euch also einen Augenblick Zeit und geht in euch. Ich bin sicher, jeder von euch wird etwas finden, das ihn ganz besonders auszeichnet.«

Mach dir klar, worin deine persönliche Stärke liegt!

Anton schluckte. Worin mochte wohl seine größte Stärke liegen? Er war doch nur eine von Millionen von Ameisen in seinem Hügel. Einer von hunderttausend Tunnelgräbern, die alle mehr oder weniger gleich waren. Besondere Talente von einzelnen? Davon hatte er ja noch nie gehört. Wer einen Job als Tunnelgräber hatte, war nun mal Tunnelgräber. Die Ammen waren Ammen, die Soldaten waren Soldaten. Das war schon immer so gewesen. Nur so funktioniert das System.

Anton blickte in die Runde und betrachtete einen nach dem anderen – Elmar den Elefanten, Alfons den Affen, King Edward den Adler, Lea die Leopardin und zuletzt Herrn S.C.H. die Schildkröte. Sie alle schienen keine Mühe damit zu haben, ihre starke Seite zu finden. Bei ein paar von ihnen konnte Anton sogar erahnen, was sie dachten.

Lea war als Erste fertig und schaute schon bald gelangweilt drein. Elmar, King Edward und sogar der ansonsten so langsame Herr S.C.H. mussten nicht viel länger überlegen. Nur der Affe kratzte sich gedankenversunken das Fell, und das aber auch nur, wie Anton schien, weil er sich nicht entscheiden konnte, welche seiner vielen Stärken wohl die herausragende war. Endlich hatte er seine Wahl getroffen.

Jetzt war nur noch Anton übrig. Doch so angestrengt er auch grübelte, ihm wollte einfach nichts einfallen. Nur *Nervosität* und *Hektik* – aber als Stärke ging das wohl kaum durch. Wenn Minerva ihn sogleich aufrief, würde es ganz schön peinlich werden.

Einen Moment lang spielte Anton mit dem Gedanken, ein paar Mal um die Lichtung zu laufen, um sich abzureagieren. Da dies jedoch nicht möglich gewesen wäre, ohne die Aufmerksamkeit der anderen auf sich zu ziehen, entschied er sich dagegen. Ob er sich krank melden oder mit einer anderen Ausrede verabschieden sollte? Er konnte zum Beispiel vorgeben, dass er nach reiflicher Überlegung zu dem Schluss gekommen sei, doch nicht sieben Tage lang von seinem Arbeitsplatz fernbleiben zu können.

Aber das war lächerlich! Er hatte die lange Strecke bis hierher nicht zurückgelegt, um schon in den ersten Minuten klein beizugeben. Jetzt, wo er schon einmal hier war, wollte er auch das Beste aus der Situation machen. So beschloss er: Wenn er schon keine besondere Stärke hatte, dann wollte er wenigstens versuchen, sich etwas von den anderen Tieren abzuschauen.

Jetzt, da er seine Entscheidung gefällt hatte, atmete Anton tief durch und bereitete sich innerlich auf sein Geständnis vor, als die Eule das Wort ergriff: »Ich sehe, dass jeder von euch sich seine Gedanken gemacht hat. Sehr gut, sehr gut.«

Der Affe streckte einen Arm in die Höhe als Zeichen, dass er beginnen wolle.

Minerva sagte jedoch: »Alles zu seiner Zeit, Alfons. Ich möchte nicht sofort auf eure Stärken eingehen.« Augenzwinkernd fügte sie hinzu: »Du weißt doch: Eule mit Weule, nicht wahr?«

Der Affe grinste und ließ den Arm sinken.

Anton grinste ebenfalls, froh, dass er nicht von Anfang an ein schlechtes Bild abgab. Vielleicht fiel ihm noch irgendeine Stärke ein, bis die Eule auf das Thema zurückkam.

Minerva sprach weiter, diesmal zu allen: »Keine Sorge, jeder von euch wird Gelegenheit haben, seine Stärke zu nennen. Wir werden ausführlich darüber sprechen. Mehr noch: Auf unserer Reise werdet ihr eure Stärken sogar demonstrieren können.«

Antons Grinsen verflog. Hatte er da gerade das Wort »Reise« gehört?

Herr S.C.H. räusperte sich und stellte die Frage, die ganz offensichtlich alle beschäftigte: »Äh, was genau meinst du mit *Reise*?«

Jetzt war es an Minerva zu grinsen. Nicht boshaft, verschlagen oder besserwisserisch. Eher geheimnisvoll. »Kommt mit«, sagte sie. »Ich will euch etwas zeigen.«

Die Eule führte die kleine Gruppe durch lichtes Gestrüpp zum Flussufer, wo an einer knorrigen Wurzel ein Floß angebunden war. Es lag träge im sanft dahinfließenden Wasser und war für Antons Maßstäbe überwältigend groß. Mindestens zehn Ameisenhügel hätten darauf Platz gefunden. Die beeindruckenden Ausmaße vermochten Anton indes kaum zu beruhigen. Denn auch wenn der schwimmende Riese robust aussah, war er doch zweifellos für eine Fahrt auf dem Wasser konstruiert worden.

Wasser!

Ausgerechnet das Element, das Anton mehr als jedes andere verabscheute. Viel lieber wäre er marschiert. Gern hätte er auch einen Tunnel gegraben, wenn nötig bis zum Nordpol. Selbst zu einer Flugreise auf dem Rücken eines Riesenalbatros hätte er Ja gesagt. Aber eine Floßfahrt? Bei diesem Seminar schien sich aber auch wirklich alles gegen ihn verschworen zu haben.

Anton war nicht der einzige Skeptiker. Mit Ausnahme des Affen hatten alle den Sinn fürs Abenteuer schon wieder verloren. King Edward verzog den Schnabel, als wollte er damit zum Ausdruck bringen, dass ein Floß für ihn alles andere als standesgemäß sei. Elmar schien sich zu fragen, ob sein Gewicht den hölzernen Untersatz nicht in ein Unterwasserfloß verwandeln würde.

»Muss es ausgerechnet eine Reise auf dem Fluss sein?«, knurrte die Leopardin. »Wozu soll das gut sein? Wir könnten doch ebenso gut am Ufer entlang spazieren.«

»Ja ja, das könnte dir so passen«, versetzte die Schildkröte. »Ich bin schon seit vierzehn Tagen auf den Beinen. Zwar mag ich keine Flüsse, aber ich sage: Schluss mit Laufen! Dann schon lieber rauf auf das Floß!«

Daraufhin entbrannte eine heftige Debatte über das Pro und Contra einer Reise zu Wasser, die kein Ende nehmen wollte.

Nach langem Hin und Her mischte Minerva sich schließlich in die Diskussion ein. »Werdet ihr mir noch einmal vertrauen?«, erhob sie ihre Stimme. »Glaubt mir, ich habe das Floß aus gutem Grund gewählt. Es ist Teil unserer heutigen Lektion.«

»Wir sollen etwas über dieses – äh – *Ding* lernen?«, fragte der Adler ungläubig.

»Nicht nur über das Floß«, entgegnete Minerva. »Auch über den Dschungel, den Fluss und letzten Endes über euch selbst.«

Anton konnte sich keinen Reim darauf machen. Was sollte dieser vermaledeite Dschungel, dieser vermaledeite Fluss und vor allem dieses vermaledeite Floß mit ihm, Anton der Ameise, zu tun haben?

»Ich verspreche euch«, fuhr Minerva fort, »dass ihr versteht, was ich meine, noch bevor der Tag sich dem Ende neigt.«

Vermutlich war es die Neugier, die letztlich den Ausschlag dafür gab, dass die Tiere ihre Abneigung gegen das Floß überwanden. Selbst Anton war gespannt darauf, was diese weise alte Eule mit ihnen vorhatte. Als Elmar sich dann auch noch bereit erklärte, seinen mächtigen Elefantenrücken im Notfall für diejenigen zur Verfügung zu stellen, die nicht schwimmen oder fliegen konnten, waren auch die letzten Bedenken beiseite geräumt.

Die Debatte hatte sie hungrig gemacht, außerdem stand die Sonne bereits hoch am Himmel.

»Höchste Zeit für das Mittagessen!«, posaunte Elmar. »Ich sterbe vor Hunger.«

Anton, dem die Aufregung des Vormittags auf den Magen geschlagen war, kramte das Getreidekorn aus seinem Rucksack und bot es dem Elefanten an. Der lehnte es zunächst dankend ab, schnappte mit seiner Rüsselspitze aber doch noch danach, als Anton das Korn wieder wegpacken wollte.

»Nun, ein Appetithappen kann schließlich nicht schaden«, sagte Elmar, genüsslich kauend. »Damit schaffe ich es wenigstens bis zum Früchtevorrat. Danke, Kleiner! Du rettest mir das Leben.«

Anschließend gönnten sie sich eine Pause, denn die drückende Hitze, die trotz des Schattens herrschte, machte allen zu schaffen. Die meisten nutzten die Gelegenheit für ein Nickerchen.

Anton versuchte ebenfalls, die Augen zu schließen, aber er merkte bald, dass er nicht schlafen konnte. Seine Gedanken kreisten um Amelie und um die Ameisentunnel, die bis zum Monatsende fertiggestellt sein sollten. Es war ohnehin ein kaum zu bewältigendes Arbeitspensum, aber wenn er sieben Tage lang fehlte, war es geradezu unmöglich zu schaffen.

Anton seufzte. Die Aussicht, sich ab nächster Woche doppelt anstrengen zu müssen, lastete schwer auf ihm.

Nachdem sich alle wieder am Ufer versammelt hatten, erläuterte Minerva, was in den nächsten Tagen auf sie zukommen werde.

»Von diesem Punkt aus« – sie deutete mit einem

Flügel auf die Stelle, an der das Floß festgemacht war – »werden wir eine Woche lang flussabwärts fahren. Wie ihr seht, fließt das Wasser sehr langsam. Das wird für den größten Teil der Strecke so bleiben. Wir werden zwar auch ein paar Hindernisse zu überwinden haben, aber keiner wird dabei zu Schaden kommen. Falls ihr wegen der vielen Flussbiegungen die Orientierung verliert – macht euch keine Sorgen. Ich habe schon unzählige Gruppen durch dieses Seminar begleitet. Heute ist Montag. Nach meiner Erfahrung werden wir gegen Sonntagmittag am Ziel eintreffen.«

»Woran erkennen wir das Ziel?«, fragte Herr S.C.H. »Ich würde es ungern verfehlen.«

»Es ist eine Stelle, an der zwei riesige Palmen sich über dem Wasser kreuzen«, antwortete Minerva. »Möglich, dass wir uns ein paar Mal verfahren. An einigen Stellen verzweigt sich der Flusslauf. Aber wenn wir uns dem Ziel nähern, werden wir es erkennen. Garantiert.«

»Das ist alles?«, fragte die Schildkröte argwöhnisch. »Es geht nur darum, die gekreuzten Palmen zu erreichen?«

»Nun ja, natürlich solltet ihr das Ziel *unbeschadet* erreichen«, sagte Minerva. »Vielleicht gelingt es euch sogar, ein wenig Freude an der Reise zu haben.«

»Eine Fahrt ins Ungewisse genießen?«, blaffte Herr S.C.H. »Nie und nimmer!«

»Versuch' es wenigstens«, sagte Minerva. »Vielleicht wird es gar nicht so übel, wie du es dir vorstellst.«

»Und wie werden wir wieder hierher kommen,

wenn wir das Ziel erreicht haben?«, fragte die Schildkröte. »Für eine Woche auf dem Floß flussabwärts brauche ich vier Wochen zu Fuß am Ufer zurück.«

»Keine Bange«, entgegnete die Eule. »Für den Rückweg habe ich bereits Vorkehrungen getroffen. Hat sonst noch jemand eine Frage oder eine Anmerkung?«

Das war nicht der Fall.

»Na schön«, sagte Minerva, »dann lasst uns einsteigen.«

Das war leichter gesagt als getan. Insbesondere Elmar stellte mit seinem enormen Körpergewicht ein Problem dar. Zunächst probierte die Gruppe es mit der Taktik »Elmar nach rechts, alle anderen nach links«, aber es zeigte sich rasch, dass mindestens noch ein Rhinozeros fehlte, um das Floß im Gleichgewicht zu halten.

»Möglicherweise klappt es umgekehrt: Elmar nach links, alle anderen nach rechts«, alberte der Affe, aber er blieb der Einzige, der lachte.

Der Elefant, der kurz vor dem Ende der Mittagspause noch einmal in den Früchtevorrat gegriffen hatte, errötete ein wenig, als er meinte: »Tut mir Leid wegen der Schwierigkeiten. Liegt vermutlich daran, dass ich gerade gegessen habe. Vielleicht sollten wir es später noch einmal probieren.«

»Ich fürchte, das wird nicht viel ändern«, knurrte die Leopardin. »Du hast *immer* gerade gegessen.«

Nach einigen weiteren Fehlversuchen einigte man sich darauf, dass Elmar in der Mitte des Floßes Platz nehmen solle. Das gab dem Floß zumindest so viel Stabilität, dass alle anderen sich frei bewegen konnten. Nach einiger Übung im seichten Wasser stellten die Tiere fest, dass sogar Elmar ein wenig herumlaufen konnte, wenn er vorsichtig war und Affe, Leopardin und Schildkröte als Gegengewicht auf der jeweils anderen Floßseite dienten.

Wenig später legten sie ab. Minerva band das Seil los, flatterte zum vorderen Ende des Floßes und ließ sich dort wie eine Galionsfigur nieder. Anton, dicht hinter ihr, beobachtete, wie das Floß sich gemächlich in der Strömung drehte und das Ufer langsam, aber sicher in immer weitere Entfernung rückte. Jetzt gab es kein Zurück mehr.

Die nächste Zeit brachten die Tiere damit zu, das Leben auf dem Floß kennen zu lernen. Wie für alle anderen war der schwankende Untersatz auch für Anton gewöhnungsbedürftig. Aber nach und nach passte er sich dem sanften Auf und Ab an, und er bewegte sich immer sicherer, zumal die Holzstämme so dicht aneinander gebunden waren, dass er nicht versehentlich hindurchrutschen und ins Wasser fallen konnte. Am Abend hatte er beinahe das Gefühl, festen Boden unter seinen Füßen zu haben.

Die zunehmende Sicherheit schärfte auch seinen Sinn für die Schönheit der Natur. Noch nie zuvor hatte er den Urwald aus der Flussperspektive bewundert, noch nie zuvor hatten sich ihm so viele eindrucksvolle Bilder präsentiert. Obwohl er noch immer nicht genau wusste, wozu diese Reise gut sein sollte, musste er zugeben, dass zumindest die Aussicht für vieles entschädigte. Hätte er sich heute Morgen krank gemeldet oder vorgegeben, wegen der Arbeitsfülle zu seinem Ameisenhügel zurückkehren zu müssen – wie er es für einen kurzen Moment in Erwägung gezogen hatte –, wäre ihm dieses atemberaubende Panorama entgangen. Und das wäre wirklich schade gewesen. Der Blick über den begrenzten Horizont seines Ameisenhügels hinaus war bereichernd. Bislang konnte er die ablehnende Haltung seiner Ameisenkollegen gegenüber Seminaren nicht nachvollziehen. Aber das dicke Ende würde gewiss noch kommen.

Anton hätte die schöne Aussicht noch stundenlang genießen können, hätte die Sonne sich nicht dem Horizont genähert, was die Eule veranlasste, ihr Versprechen einzulösen, das sie vor dem Mittagessen gegeben hatte.

»Zeit für die erste Lektion«, sagte sie in die Runde. »Ich habe behauptet, dass es einen Grund gibt, weshalb ich ein Floß als Fortbewegungsmittel wählte.«

»Weil wir etwas über das Floß, den Fluss und den Dschungel lernen sollen«, warf der Affe ein.

»Vor allem aber über euch selbst«, ergänzte Minerva, wieder mit diesem weisen Lächeln um den kleinen, gebogenen Schnabel. »Am besten, ihr verteilt euch, sodass jeder einen Randplatz hat«, fuhr sie fort. »Aber achtet darauf, dass das Floß nicht zu Elmars Seite hin kippt.«

Die Teilnehmer folgten der Aufforderung der Eule. Anton, Herr S.C.H., Alfons, Lea und King Edward begaben sich nach Steuerbord, Elmar blieb mehr oder weniger in der Mitte stehen und machte nur einen langen Hals in Richtung Backbord.

»Ausgezeichnet, ausgezeichnet«, sagte Minerva. »Wie ihr wisst, lautet das Thema unseres Seminars: *Überleben im Dschungel*. Und obwohl nicht jeder von euch in diesem Dschungel lebt, habe ich versprochen, dass doch jeder von diesem Seminar profitieren wird.«

»So ist es«, stimmte die Leopardin zu. »Wehe, du hast gelogen.«

»Ja«, sagte der Adler, »wehe, du hast gelogen. Ich kann mir nämlich immer noch nicht vorstellen, was mir dein Survival-Training bringen soll. Die Luft ist meine Heimat. Ich lebe nicht im Dschungel und werde das auch nie tun.«

Minerva nickte versonnen. »Ich hoffe, du behältst Recht«, sagte sie. »Aber erlaube mir eine Frage: Leben wir nicht alle mehr oder minder in einem Dschungel?«

»Was soll das denn heißen? Ist das eine von deinen Psychotouren?«

»Die Frage ist ganz ernst gemeint«, sagte Minerva. »Auch wenn es kein Dschungel mit Farnen, Sträuchern und Bäumen ist – lebt nicht jeder Einzelne von uns in seinem eigenen, ganz persönlichen Dschungel? In einem uns oftmals undurchdringbar scheinenden Dickicht aus Aufgaben und Pflichten, denen wir nachkommen müssen? In einem Leben – nicht zuletzt einem Arbeitsleben –, das so kompliziert geworden ist, dass wir manchmal nicht wissen, was wichtig und was unwichtig ist?«

Wer sich in seinem eigenen Dschungel zurechtfindet, wird auch sein Leben meistern.

Anton begann zu verstehen, worauf die Eule hinauswollte. Und er gestand sich ein, dass sie bei ihm ins Schwarze getroffen hatte.

»Wer es also schafft, sich in seinem **Regeln zu** Dschungel zurechtzufinden, wird sein **erlernen ist nicht** Leben meistern. Dafür gibt es ein paar ein **besonders schwer.** fache Regeln. Indem wir den vor uns lie **Sie tatsächlich** genden realen Dschungel durchfahren, **anzuwenden –** werden wir sie kennen lernen und heraus **das ist die Kunst.** finden, in welcher Situation welche Regel gilt. Allerdings will ich euch eines gleich verraten: Die Regeln zu erlernen ist wichtig, aber nicht besonders schwer. Sie auch tatsächlich anzuwenden – das ist die hohe Kunst.«

»Gut, gut, gut«, sagte die Leopardin. »Wir sollen hier also etwas über den Dschungel des Lebens lernen. Soweit habe ich es begriffen. Dennoch bleibt die Frage offen, weshalb wir ausgerechnet auf diesem wackeligen Untersatz ausharren müssen.«

Wieder nickte Minerva. »Genau deshalb bat ich euch, am Rand des Floßes Platz zu nehmen«, sagte sie. »Von dort aus könnt ihr am besten ins Wasser sehen, denn im Fluss liegt die erste Antwort auf die Frage, wie ihr im Dschungel besser überleben könnt.«

»Im Fluss liegt die erste Antwort?« Es klang ungläubig.

»Ja. Man kann es zwar noch besser erkennen, wenn man wie ich fliegen kann, aber das ist nicht unbedingt erforderlich. Sieh genau hin, Lea. Ihr alle – seht genau hin. Unsere erste Lektion ist die Antwort auf die Frage: *Was ist im Fluss?*«

Es vergingen einige Augenblicke, ehe die Leopardin sagte: »Wasser.«

»Was noch?«, fragte Minerva.

»Steine«, sagte die Schildkröte.

»Was noch?«

»Abgebrochene Zweige und Blätter, die auf der Oberfläche dahintreiben«, meinte King Edward.

»Ja. Was noch?«

»Fische«, sagte Elmar, der schon wieder ans Essen dachte, wie Anton vermutete.

»Alles richtig«, sagte die Eule. »Noch etwas?«

Nachdem einige weitere Augenblicke verstrichen waren, meinte Alfons plötzlich: »Ich sehe einen Affen!«

Schon wollte Anton sich über diesen lächerlichen Beitrag des ach so witzigen Affen ärgern, als ihm klar wurde, dass Alfons wohl sein Spiegelbild gemeint hatte.

»Sehr gut«, erwiderte die Eule prompt. »Und ist sonst noch etwas im Fluss?«

Anton wusste, dass es jetzt an ihm war, etwas zu sagen. Alle anderen hatten sich schon geäußert. Also ließ er die Eindrücke noch einmal auf sich wirken, doch auf einmal gab es so viel zu sehen, dass er völlig verwirrt war. Er sah das Wasser, die Steine, abgebrochene Zweige und Blätter, die auf der Oberfläche dahintrieben, Fische, die Spiegelbilder von Alfons, den anderen und sich selbst. Dann erkannte er auch noch die Spiegelungen der Baumriesen und das leuchtende Rotblau des abendlichen Himmels. All das überforderte ihn. Weit, weit weg hörte er noch einmal die Frage der Eule: »Was ist im Fluss?«

Und ehe Anton seine Gedanken geordnet hatte, sagte er: »Alles.«

Einige unerträgliche Sekunden lang sprach niemand ein Wort. Anton hatte schon das Gefühl, dass ihm etwas unglaublich Dummes herausgerutscht war. Doch ohne es zu wissen, hatte er mit seiner Antwort den Nagel auf den Kopf getroffen.

»Exakt das ist es, was ich euch mit dieser Floßfahrt klarmachen wollte!«, sagte die Eule. »*Alles ist im Fluss!* Und ob ihr wollt oder nicht – ihr seid mittendrin. Selbst wenn ihr euer Floß irgendwo festbindet, fließt das Wasser ständig weiter. Und falls ihr die Taue nicht hin und wieder löst, werdet ihr nie vorankommen. Doch begebt ihr euch auf die Reise, werdet ihr vieles erleben und viel hinzulernen. In den nächsten Tagen werdet ihr feststellen, dass es keinen besonderen Unterschied macht, ob ihr einen reellen Dschungel durchquert oder den Dschungel eures Lebens. Die Überlebensstrategien sind dieselben. Betrachtet die Floßfahrt einfach als ein Sinnbild für euer Arbeitsleben – besser noch für euer gesamtes Leben. Ich bin sicher: Dann steht uns allen eine spannende Reise bevor.«

Alles ist im Fluss! Und ob du willst oder nicht – du bist mittendrin.

Wenig später legten sie an einer Uferlichtung an. Während die Sonne vollends hinter dem Horizont verschwand, um dem Mond und den Sternen Platz zu machen, bereiteten die Tiere ihr Nachtlager. Der Zufall wollte es, dass ein Schwarm Glühwürmchen über ihnen tanzte. So saßen Minerva, Elmar, Alfons,

King Edward, Lea, Herr S.C.H. und Anton noch eine ganze Weile da, um sich in angenehmer Atmosphäre allerlei lustige Geschichten zu erzählen, die sie erlebt oder von denen sie gehört hatten. Erst als die Glühwürmchen davongeflogen waren, beschlossen sie, sich schlafen zu legen.

Anton, der nicht sehr müde war, betrachtete den sternenklaren Nachthimmel. Er dachte an Amelie und an den vergangenen ersten Seminartag. Da fiel ihm wieder ein, dass er sich vorgenommen hatte, so viel wie möglich von den anderen Tieren abzuschauen, wenn er schon hier war. Zwar hatte noch keiner der Teilnehmer über seine Stärke gesprochen, dennoch hatte Anton heute etwas begriffen. Etwas sehr, sehr Wichtiges. Etwas, das so selbstverständlich war, dass er bisher nie darüber nachgedacht hatte. Um es auch in Zukunft nicht mehr zu vergessen, schrieb er sich die erste Lektion auf einem Stück Palmblatt auf:

Alles ist im Fluss –
und ich bin mittendrin.
Es ist allein meine Entscheidung,
ob ich am Ufer anlegen
oder mich fortbewegen will.

Der zweite Tag

In der Nacht hatte Anton nicht sonderlich gut geschlafen. Zu fremdartig und beängstigend waren die Geräusche des Urwalds gewesen. Mehr als einmal war er hochgeschreckt, um sich zu vergewissern, dass das Floß noch vertäut und kein Ameisenfresser in der Nähe war. Das Rascheln, Knurren und Kreischen, das vom Ufer aus zu hören war, hatte ihn lange Zeit kein Auge zutun lassen. Selbst nachdem er unter Elmars Ohr gekrochen war, dauerte es eine ganze Weile, bis er sich sicher fühlte.

Deshalb hatte er genügend Gelegenheit zum Nachdenken. Er fragte sich, ob auch dies eine Lektion war, die er hier lernen sollte: Wer die Herausforderung annahm und die Durchquerung des Dschungels als Abenteuer betrachtete, **Nur wer Neues wagt,** musste mutig sein und den Gefahren trot- **wird das Leben spüren.** zen. Zu Hause, in seinem Ameisenhügel, war er wohl behütet. Dort gab es keine Gefahren. Allerdings erwartete ihn dort auch jeden Tag derselbe Trott.

Hier hingegen war alles neu und oftmals furchteinflößend. Aber irgendwie auch wiederum aufregend. Jedenfalls hatte Anton sich schon lange nicht mehr so lebendig gefühlt.

Als die Sonne aufging, war das Prickeln in der Magengegend noch immer da. Es handelte sich um eine eigentümliche Mischung aus Nervosität und Neugier, Angst und Mut, Zurückhaltung und Tatendrang. Vielleicht am ehesten zu vergleichen mit Pioniergeist, wie Anton vermutete. Er selbst hatte sich darunter nie wirklich etwas vorstellen können, sondern kannte nur die Erzählungen des Ältestenrats aus den Gründungstagen des Ameisenhügels. Für Anton hatten sich diese Geschichten immer sehr gefährlich angehört, und er war froh gewesen, dass er diese Zeiten nicht hatte miterleben müssen. Dass Pioniergeist derart anregend war, hätte er sich nicht träumen lassen. Das Einzige, was Anton noch ein wenig Bauchweh bereitete, war, dass die Eule ihn womöglich heute nach seiner Stärke fragen würde. Ihm war noch immer nichts eingefallen, was er darauf hätte antworten können.

Nach dem Frühstück startete Minerva mit einigen Aufwärmübungen. Um Geist und Körper in Schwung zu bringen und die Müdigkeit aus den Gliedern zu vertreiben, wie sie sagte. Sie dehnten sich, streckten sich, atmeten ein, atmeten aus, beugten sich vor, beugten sich zurück, kreisten mit den Beinen und mit dem Kopf. Als Letzteres jedoch zu riskant wurde, weil der herumwirbelnde Rüssel des Elefanten dem Adler einige Federn stauchte, meinte Minerva, dass es genug sei.

In einer lockeren Gesprächsrunde fassten sie die Erkenntnisse des gestrigen Tages zusammen. Außerdem wollte Minerva wissen, wie die Stimmung jedes Einzelnen war.

Anton gab wahrheitsgemäß an, dass er zwar noch nicht so recht wisse, was diese Reise noch alles bringen werde, dass er sich inzwischen aber – was er gestern Morgen nicht für möglich gehalten hätte – auf den Rest des Seminars freue.

Das Feedback der anderen war unterschiedlich. Der Leopardin ging die Reise zu langsam voran. »Würden wir laufen, könnten wir heute schon unser Ziel erreichen, nicht erst am Sonntag«, meinte sie und gähnte. »Aber ich weiß schon – dann wären wir ja nicht mehr im Fluss, nicht wahr?« Es klang, als sei es ihr ziemlich gleichgültig, wie sie ans Ziel kämen, Hauptsache, es ging schnell.

»Würden wir laufen, müssten wir auch das Futter nicht so strikt rationieren«, sagte der Elefant, der heute Morgen mehr Früchte verspeist hatte, als ein ganzes Ameisenvolk im Jahr benötigte. »Ich denke, wir haben schon verstanden, worauf du hinauswolltest, Minerva. Jetzt können wir doch an Land weitermarschieren.«

Selbst Herr S.C.H. hatte nichts mehr gegen eine Wanderung einzuwenden, seit Elmar ihn davor gewarnt hatte, mit dem Rücken voran vom Floß zu fallen. Anton hatte das Gespräch zufällig beim Frühstück mitgehört. Elmar hatte gesagt, dass Schildkröten, die auf dem Rücken im Wasser lägen, bis ans Ende der Welt getrieben werden könnten. Anton hatte vermutet, dass das ein Spaß sein sollte. Herr S.C.H. hatte es jedoch sehr ernst aufgefasst. Außerdem war er ohnehin kein Freund von Experimenten. Und dieses Seminar war ein Experiment. Definitiv!

Nur der Affe hielt ein Plädoyer dafür, so weiterzumachen, wie Minerva es vorgesehen hatte. »Mir geht es ähnlich wie dem Zwerg«, sagte er und zeigte auf Anton, der nicht wusste, ob er sich nun freuen oder ärgern sollte. »Ich kann noch nicht einschätzen, was uns diese Reise bringt, aber eines steht für mich fest: Wenn wir zu Fuß weitergehen und heute Abend das Ziel erreichen, werden wir uns wohl kaum so intensiv mit diesem Fluss und dem Dschungel – und damit mit unserem Leben – befassen, wie wenn wir uns bis Sonntag Zeit lassen.«

»Hast du denn keine Arbeit, die unerledigt bleibt, während du weg bist?«, fragte der Elefant.

»Natürlich habe ich die, wie jeder von euch auch«, sagte Alfons. »Aber habt ihr eine Ahnung, wie schwierig es in unserer Abteilung ist, ein Seminar genehmigt zu bekommen? Ich habe meinen Chef gefragt, was ich tun muss, um erfolgreicher zu werden. Also hat er seinen dicken Ordner zur Hand genommen und nachgeschlagen, welches Seminar für mich infrage kommt. Doch als er gesehen hat, wie viele Kokosnüsse ihn diese sieben Tage kosten, hat er beinahe einen Anfall gekriegt. Ein halbes Jahr lang habe ich für ihn den Affen gemacht und ihm immer wieder gesagt, dass das Seminar nicht nur mir, sondern allen – auch ihm selbst – etwas bringt, wenn ich meinen Job noch besser als bisher erledige. Erst letzten Monat habe ich endlich seine Unterschrift bekommen. Ich bitte euch also: Lasst uns auf dem Floß weiterfahren. Bis mein nächstes Seminar genehmigt wird, vergehen Jahre.«

Ob das Mitleid mit dem Affen siegte oder die Einsicht, dass die Qualität des Seminars bei einem Fußmarsch leiden würde, blieb unklar. Jedenfalls einigten die Teilnehmer sich auch an diesem Tag darauf, die Floßfahrt fortzusetzen. Das Haltetau wurde losgemacht, und die Reise ging weiter.

Sehr zum Leidwesen des Elefanten trat die erste echte Krise kurz vor dem Mittagessen ein.

King Edward hatte sich im Lauf des Vormittags mit den meisten anderen über den niedrigen Wasserstand unterhalten. Als Adler war er viel herumgekommen und kannte sich insbesondere bei Dingen aus, die man aus der Luft studieren konnte. Wasserstände gehörten eindeutig dazu. Anton bekam mit, dass King Edward ganz und gar nicht glücklich über den seichten Fluss war.

Die Misere begann mit einem ohrenbetäubenden Knirschen, das so laut war, dass Antons Fühler ganz pelzig wurden. Noch ehe er erkannte, woher das grässliche Geräusch gekommen war, wurde ihm der Boden – oder besser gesagt das Floß – unter den sechs Füßen weggezogen, und er purzelte quer über die Holzstämme. Den anderen Tieren erging es kaum besser. Um ein Haar hätte der dicke Elefant Anton unter sich begraben.

»Hey, Elmar!«, keuchte Anton, um auf sich aufmerksam zu machen, bevor der Koloss sich aufrappeln und ihn dabei zerquetschen würde. »Sei vorsichtig!«

»Mach dir keine Sorgen«, sagte Elmar, die Aufforderung missdeutend, »mir passiert schon nichts.«

Bevor Anton klarstellen konnte, wie er seine Äußerung gemeint hatte, erhob Minerva mit zerzaustem Gefieder die Stimme. »Ist irgendjemand verletzt?«, fragte sie, während sie ihr Federkleid ordnete. »Nein? Das ist gut. Tut mir Leid, dass wir so unvermittelt angehalten haben. Ich hatte zwar geahnt, dass das passiert, aber ich dachte, dass es eine sanftere Bremsung wird.«

»Du hast wohl unseren Tiefgang unterschätzt«, murrte die Schildkröte mit einem Seitenblick zu Elmar.

»Tiefgang?«, wiederholte der Elefant empört. »Tiefgang? Willst du damit vielleicht irgendetwas andeuten, Opa?«

»So beruhigt euch doch«, sagte Anton. »Was ist überhaupt passiert?«

»Na was wohl, Kleiner?«, krächzte King Edward aufgelöst. »Wir sind auf eine Sandbank aufgelaufen. Schon den ganzen Morgen versuche ich euch klarzumachen, dass ein niedriger Wasserstand und ein großer Tiefgang nicht zusammenpassen.«

Dieser *Tiefgang* war, wie Anton glaubte, die Quittung für den Rüsseltreffer beim Frühsport.

»Aber auf mich hört ja keiner!«, fuhr King Edward fort. »Und schon haben wir den Salat.«

»Apropos Salat ...«, sagte der Elefant.

Doch bevor er weitersprechen konnte, erschallte es im Chor: »Jetzt wird nicht gegessen!«

Da Elmar ohnehin schon der Buhmann war, beschloss man, dass er das Floß als Erster verlassen müsse.

»Weniger Ballast, weniger Tiefgang!«, brachte King Edward es auf den Punkt. *Tiefgang* betonte er dabei noch einmal ganz besonders.

Doch die Rechnung ging nicht auf, das Floß steckte nach wie vor fest.

48

Während die anderen Seminarteilnehmer dadurch verunsichert wurden, gewann Elmar sein Selbstbewusstsein zurück. »Von wegen Tiefgang!«, trompetete er. »Ich verlange, dass Herr S.C.H. und King Edward ihre Beleidigungen zurücknehmen und sich entschuldigen!«

»Das kommt gar nicht infrage!«, versetzte der Adler. »Ein König der Lüfte sagt nicht Pardon!«

Und die Schildkröte konnte es sich nicht verkneifen, noch ein paar Mal »Tiefgang! Tiefgang! Tiefgang!« in Elmars Richtung zu flöten.

So schien nicht nur das Floß, sondern die ganze Situation hoffnungslos festgefahren.

Nach einem hitzigen Wortgefecht gelang es Lea, die sich bis dato aus der Angelegenheit herausgehalten hatte, die Gemüter zu beruhigen. Sie tuschelte mit der Schildkröte und dem Adler, wobei sie ihnen offenbar klarmachen konnte, dass allein der Elefant stark genug war, das Floß von der Sandbank loszubekommen. Also rangen sich Herr S.C.H. und King Edward eine Entschuldigung ab, und Elmar strahlte bis über beide Segelohren.

»Jetzt, da alles wieder im Lot ist, wollten wir dich fragen«, sagte die Leopardin zuckersüß, »ob du vielleicht so überaus freundlich wärst, das Floß von dieser Sandbank zu schieben.«

Elmar grinste noch breiter und sagte: »Aber gern, Lea. Wenn Herr S.C.H. und King Eddi Bitte-bitte sagen!«

Die Schildkröte verkündete lauthals: »Niemals!«

Und der Adler krähte fassungslos: »King *Eddi*?«

Diesmal tuschelte Lea mit Elmar. Anton war nahe genug, um zu verstehen, dass die Leopardin Elmar darum bat, nicht einen neuen Disput heraufzubeschwören. Ein Gigant wie er habe derartige Machtspielchen doch nicht nötig, raunte sie ihm mit weiblichem Charme zu.

Tatsächlich ließ Elmar sich erweichen. Auch ohne die ausdrückliche Bitte des Adlers und der Schildkröte machte er sich daran, seinen Körper mit all seiner Masse gegen das Floß zu stemmen – erfolglos. Selbst als er seine Stoßzähne als Hebel einsetzte, bewegte sich das Floß keinen Zentimeter.

»Es hilft nichts«, sagte er, völlig außer Puste. »Wir werden uns etwas anderes einfallen lassen müssen.«

Die Gruppe beschloss, Minerva um Hilfe zu bitten, doch die ließ sich keinen Ratschlag entlocken. Folglich waren sie auf sich allein gestellt.

Nach den gescheiterten Versuchen, das Floß durch weniger Tiefgang beziehungsweise durch die Kraft des Elefanten von der Stelle zu bewegen, herrschte in der kleinen Runde zunächst Niedergeschlagenheit. Doch nach und nach löste sich die Resignation in Wohlgefallen auf, und die Ideen begannen zu sprudeln.

»Ich weiß, wie wir das Floß losbekommen!«, sagte der Affe. »Seht ihr diesen Ast über uns?«

Alle Blicke wanderten nach oben.

»Wir befestigen an den vier Ecken unseres Untersatzes ein Seil, das wir über diesen Ast werfen. Dann gehen wir alle ins Wasser, damit wir das Floß hochziehen können. Die Strömung wird es ein Stück weiter tragen, dann können wir es wieder aufsetzen.«

»Du scheinst zu vergessen, wie schwer das Floß ist, Schlauberger!«, sagte die Schildkröte, womit der Affe fürs Erste ruhig gestellt war.

»Vielleicht genügt es ja schon, wenn wir alle das Floß verlassen«, sagte die Leopardin. »Elmar ist zwar der schwerste von uns, aber ich denke, in der Summe bringen auch wir anderen ganz schön was auf die Waage. Abgesehen vielleicht von dir, Kleiner.« Der letzte Satz war natürlich an Anton gerichtet.

»Falls das nicht ausreicht«, nahm der Adler den Faden auf, »könnte ich versuchen, das Floß mit meinen Krallen zu packen und mit den Flügeln zu schlagen.«

»Du willst dieses Ding aus dem Fluss heben?«

»Natürlich nicht, aber auf diese Weise wird das Floß leichter«, sagte King Edward.

»Das klappt nie im Leben!«, warf die Schildkröte ein. »Ich denke, es ist das Einfachste, wenn wir auf das nächste Hochwasser warten.«

»Reicht bis dahin denn unser Proviant?«, fragte der Elefant.

»Es würde dir nichts schaden, den Gürtel etwas enger zu schnallen, mein Lieber«, gab Herr S.C.H. zurück.

Anton dachte an Amelie und an die vielen Tunnelaufträge, die sich an seinem Arbeitsplatz stapeln würden. »Wie lange wird es denn bis zum nächsten Hochwasser dauern?«, fragte er.

»Sechs Monate vielleicht«, sagte die Schildkröte. »Höchstens sieben.«

51

»Also – mir wurde ein Seminar von sieben *Tagen* genehmigt«, warf Elmar ein. »Nicht von sieben *Monaten.«*

»Ich kann ebenfalls nicht so lange hier warten. In meinem Ameisenhügel werde ich gebraucht«, sagte Anton. Er wollte aber nicht nur ablehnend sein, sondern wie die anderen einen konstruktiven Beitrag zur Lösung des Problems liefern. Deshalb schlug er vor: »Vielleicht könntest du, Elmar, deinen Rüssel einsetzen und den Sand unter dem Floß wegpusten. Was denkst du?«

»Das könnte funktionieren«, brummte der Dicke. »Zumindest sollten wir es probieren.«

Doch auch dieser Versuch schlug fehl. Nach einem zehnminütigen Turbogebläsegang gab Elmar mit geschwollenem Rüssel auf.

Da fing der Affe plötzlich an zu kreischen: »Hey Leute, jetzt weiß ich's. Ich habe es mir genau überlegt. Der Ast ist stabil genug, dass er das Gewicht des Floßes tragen wird ...«

»Ich dachte, über die Astnummer haben wir uns schon unterhalten!«, unterbrach ihn die Schildkröte.

»Schon, schon, Herr S.C.H. – und du hattest ja Recht, als du darauf hingewiesen hast, dass das Floß verdammt schwer ist.«

»Also wüsste ich nicht, was es darüber noch zu diskutieren gäbe.«

Alfons war ganz aufgeregt, als er seine Idee verkündete: »Wenn wir dieses Monstrum nicht aus eigener Kraft anheben können, dann bauen wir eben eine Seilwinde!«

52

»Eine was?«

»Eine Seilwinde! Wir benötigen dazu nicht mehr als ein paar Holzscheiben und ein paar kräftige Taue.« Der Affe erläuterte seine Idee genauer, und Anton, der als Tunnelgräber viele schwere Lasten zu tragen hatte, musste zugeben, dass ihm gefiel, was er hörte.

Bei den anderen stieß Alfons jedoch auf Widerstand.

»Nun hör' sich das mal einer an!«, sagte der Elefant, noch immer außer Puste. »Eine Seilwinde! Davon habe ich ja noch nie etwas gehört!«

»Nur, weil du noch nie davon gehört hast, heißt das nicht, dass meine Idee nicht funktionieren kann!«, verteidigte sich Alfons.

»Papperlapapp!«, fuhr King Edward dazwischen. »Ich komme wirklich viel herum in der Welt, aber eine Seilwinde? So etwas funktioniert doch nicht!«

»Selbst wenn – der Bau würde viel zu lange dauern!«, setzte die Leopardin nach. »Bis wir einen Baum gefällt, ein paar Scheiben Holz abgeschnitten und diese wahnwitzige Konstruktion zusammengebastelt haben, vergehen Tage!«

»Auf keinen Fall!«, hielt der Affe dagegen. »Es dauert höchstens ein paar Stunden!«

»Hast du denn schon einmal eine Seilwinde gebastelt?«

»Das nicht«, gestand Alfons, »aber ich habe gesehen, wie sie funktioniert und wie sie aufgebaut ist.«

»Wo hast du das gesehen?«, wollte die Schildkröte wissen. »Ich bin einhundertachtzehn Jahre alt, aber eine derart lächerliche Idee ist mir noch nie untergekommen.«

»Ich sah die Konstruktion bei den Menschen«, sagte der Affe. »Sie vermögen damit die schwersten Lasten anzuheben.«

»Nein, nein, das ist viel zu kompliziert«, sagte die Schildkröte. »Außerdem viel zu viel Arbeit. Was, wenn deine Seilwinde nicht funktioniert? Dann haben wir uns umsonst abgerackert.«

Nun wagte Anton, sich zu Wort zu melden. »Ich finde, wir sollten es versuchen. Was Alfons sagt, klingt für mich vernünftig. Wie ihr wisst, arbeite ich im Tunnelbau. Zwar habe auch ich noch nie etwas von einer Seilwinde gehört, aber ich kann mir vorstellen, dass es uns mit ihrer Hilfe tatsächlich glückt, das Floß loszubekommen.«

»Danke, Zwerg«, sagte der Affe. Doch trotz des »Zwergs« klang sein Dank ehrlich, fand Anton. »Haben wir nicht gestern erst erfahren, dass alle Dinge im Fluss sind?« Diesmal sprach Alfons zu allen. »Dann lasst uns mit der Zeit gehen und etwas Neues ausprobieren. Ich würde eine Seilwinde ja nicht vorschlagen, wenn wir eine bessere Lösung hätten. Eine, die altbewährt und tausendfach erprobt ist. Aber falls diese Lösung existiert, habe ich es leider nicht mitbekommen!«

Elmar, King Edward, Lea und Herr S.C.H. schwiegen betreten. Denn in der Tat hatten sich ihre eigenen Vorschläge als unbrauchbar erwiesen.

»Ich bitte euch«, sagte der Affe. »Lasst uns wenigstens den *Versuch* wagen, einen neuen Weg zu beschreiten. Was haben wir schon zu verlieren?

Wenn es nicht klappt, können wir immer noch laufen oder bis zum nächsten Hochwasser warten.«

Anton bemerkte, wie sich irgendetwas in den Köpfen der Skeptiker wandelte.

»Kannst du uns denn für den Erfolg deiner Seilwinde garantieren?« Es war der Adler, der die Frage gestellt hatte. »Ich meine: Ist die Konstruktion wirklich so gut, dass sie ein Floß in die Höhe ziehen kann?«

»Eine Garantie kann ich euch nicht geben«, antwortete Alfons. »Aber wenn wir es nicht ausprobieren, werden wir es nie erfahren.«

Endlich meinte Lea, sie habe keine Lust, noch länger zu warten. Auch Elmar war es leid, nach weiteren Lösungen zu suchen, weil er Hunger hatte. Danach brach der Widerstand gegen die Seilwinde immer mehr zusammen, bis am Ende sogar Herr S.C.H. sagte: »Na, meinetwegen. Ich glaube zwar nicht, dass es funktioniert, aber wenn alle dafür sind, will ich mich nicht quer stellen.«

Wer Neues nicht ausprobiert, wird nie erfahren, ob es funktioniert hätte.

Nach dem Mittagessen machten sie sich ans Werk. Elmar fällte eine Palme, indem er sie mit seinem mächtigen Schädel einfach umdrückte. Der Adler setzte seinen spitzen Schnabel als Axt ein und fertigte die benötigten Holzteile nach den Angaben des Affen.

Lea zerteilte die Palmblätter mit ihren scharfen Reißzähnen in schmale Streifen, aus denen Anton Seile flocht. Herr S.C.H. kontrollierte die Qualität des Seils mit strengem Auge, denn der kleinste Fehler konnte nicht nur das Scheitern der Idee, sondern das Scheitern des kompletten Seminars bedeuten: Falls die Taue rissen und das Floß zu stark erschüttert wurde, mochte es möglicherweise entzweigehen. Niemand wollte das riskieren.

Kaum zwei Stunden, nachdem sie mit der Arbeit begonnen hatten, war die Konstruktion fertig. An allen vier Ecken des Floßes hatten die Tiere Seile angebracht. Danach hatten sie die vier losen Seilenden verknotet, und an diesem Knoten wurde ein langes Tau befestigt, das Alfons der Affe durch die Seilwinde fädelte.

»Wenn meine Überlegungen stimmen, müsste Elmar das Floß jetzt ohne Mühe aus dem Wasser bekommen«, sagte Alfons. Er überreichte das Tau dem Elefanten, der es mit seinem Rüssel ergriff und vorsichtig daran zu ziehen begann.

Und siehe da – vor den staunenden Gesichtern der Seminarteilnehmer bewegte sich das Floß. Insbesondere die Schildkröte traute ihren Augen kaum. »Da laus' mich doch der Affe!«, sagte sie fassungslos und voller Anerkennung.

Als wäre das sein Stichwort gewesen, rief Alfons: »Hurra! Nachdem ihr so kritisch wart, habe ich selbst kaum mehr daran geglaubt, aber das Ding funktioniert tatsächlich!« Vor lauter Freude setzte er gleich noch ein »Hurra!« nach.

Er war nicht der Einzige, dem ein Stein vom Herzen fiel. Auch die anderen Tiere stimmten in sein Jubeln ein.

Später, als das Floß wieder in der sanften Strömung dahintrieb, unterhielt sich die Gruppe über das, was vorgefallen war.

Minerva sagte: »Ich kenne diese Sandbank sehr gut, aber für euch war sie ein unvorhergesehenes Hindernis. Keine Gefahr, aber ein Problem, das für euch neu war und für das ihr keine vorgefertigte Lösung parat hattet. Lasst uns versuchen zu rekapitulieren, wie ihr mit dieser Situation umgegangen seid. Wer erinnert sich?«

»Wir haben Ideen gesammelt«, begann King Edward.

»Manche haben wir sofort verworfen, andere ausprobiert – und danach verworfen«, sagte Elmar.

»Genau so war es«, stimmte Minerva zu. »Und welche Art von Ideen habt ihr gesammelt?«

»Offensichtlich schlechte«, murmelte der Elefant vor sich hin.

»Das meinte ich nicht«, sagte die Eule. »Abgesehen davon, dass die Idee von Alfons funktionierte – was unterschied diese Idee von allen anderen?«

Einen Moment lang wusste niemand, worauf die Eule hinauswollte.

Dann kam Anton plötzlich etwas in den Sinn: »Die Idee von Alfons war *neu*!«, rief er. »Wir anderen hatten Einfälle, die in ähnlichen Situationen sicher schon oft angewendet worden sind. Unsere Ideen waren naheliegend.«

»Was nicht unbedingt heißen muss, dass es keine nahe liegenden Lösungen gibt, die gut sind«, kommentierte die Eule. »Aber du hast Recht, Anton. Genau das ist mir auch aufgefallen. Was geschah jedoch, als Alfons sich von den alten Denkmustern löste und auf die Idee mit der Seilwinde kam?«

»Wir haben sie nicht ernst genommen«, sagte der Adler.

Herr S.C.H. fügte hinzu: »Mehr noch – wir haben versucht, sie ihm wieder auszureden.«

»O ja, das habt ihr in der Tat«, sagte Minerva schmunzelnd. »*Killerphrasen* nennt man das, und davon hat Alfons wahrlich eine ganze Menge zu hören bekommen. *Das funktioniert nie! Das ist viel zu kompliziert! Davon haben wir ja noch nie gehört!* Und so weiter. Ein Wunder, dass Alfons nicht klein beigegeben hat.« Sie machte eine kurze Pause, bevor sie fortfuhr. »Ich sehe an euren Gesichtern, dass ihr euch jetzt fragt, warum ihr so und nicht anders reagiert habt, nicht wahr? Ein wenig offener. Aber ich kann euch beruhigen: Ihr habt nicht schlimmer gehandelt als alle anderen Seminargruppen, die diese Situation erlebt haben. Der Grund dafür ist, dass jede Neuerung, jede Veränderung, jede Abweichung von der Norm – in unserem Fall die Idee mit der Seilwinde – eine Gefahr darstellt.«

Veränderungen sieht man oft als Gefahr, weil man Gewohnheiten überwinden und sich mit Ungewohntem befassen muss.

»Eine Gefahr?«, wiederholte Anton.

»Ja. Denn man muss alte Gewohnheiten über Bord werfen und sich mit Ungewohntem befassen. Möglicherweise scheitert der Versuch, etwas Neues auszuprobieren – dann hat man sich umsonst angestrengt. Oder noch schlimmer: Wenn die Idee funktioniert, muss man sie künftig womöglich immer anwenden. Dabei wäre es doch so viel einfacher, den

Versuch gar nicht erst zu wagen, um hinterher sagen zu können, dass es keine Lösung für das Problem gab. Unser Beispiel mit der Seilwinde ist natürlich unbedeutend. In einigen Tagen geht jeder seiner Wege, somit wird niemand mehr mit einer Seilwinde arbeiten müssen, wenn er das nicht will. Wichtig sind die Veränderungen, die euch in eurem Leben, zum Beispiel in eurer täglichen Arbeit, begegnen. Hier haben Veränderungen spürbare Auswirkungen. Doch denkt stets daran: Wenn ihr sie mit Killerphrasen verhindert, werdet ihr nie erfahren, ob sie einen Vorteil mit sich gebracht hätten – so wie die Seilwinde, als das Floß feststeckte.

Wer mit Killerphrasen neue Ideen im Keim erstickt, wird nie erfahren, welche Vorteile sie gebracht hätten.

Ich weiß, für ein paar von euch war es eine echte Überwindung, die Idee des Affen zu akzeptieren. Um so mehr freut es mich, dass letztlich jeder seine natürliche Abneigung gegen das Neue überwinden konnte. Das führt mich auch schon zum nächsten Thema. Ich habe gestern gesagt, dass ich euch zu gegebener Zeit nach euren Stärken fragen werde.«

Augenblicklich wurden Antons Füße wieder kalt, denn ihm war noch immer nichts eingefallen. Würde er jetzt sein Geständnis ablegen müssen?

Anton atmete auf, als die Eule sich an den Affen wandte und sagte: »Alfons, du warst heute derjenige, der die Situation gerettet hat, indem du ein Problem gelöst hast, für das es kein bewährtes Lösungsmuster gab. Nun verrate uns: Was ist deine größte Stärke?«

»Kreativität«, antwortete der Affe.

Im weiteren Verlauf der Fahrt erzählte Alfons von seinem Job, den er innerhalb der Affenabteilung ausfüllte. Normalerweise lebte er in einem Nationalpark und war als Marketingaffe dafür zuständig, sich laufend neue Kunststücke auszudenken. Diese Kunststücke wurden dann von seinen Kollegen vorgeführt, damit die Safaribesucher etwas zu staunen und zu fotografieren hatten.

»Die Menschen werden immer anspruchsvoller«, sagte Alfons. »Man muss ihnen schon etwas bieten, damit sie kommen. Nur wenn unsere Kunststücke gut genug sind, bezahlen sie den Eintrittspreis für den Park. Und das sichert uns Affen wiederum unser Futter.«

»Nicht nur bei den Affen ist Kreativität ein ausschlaggebender Faktor für den Erfolg«, warf Minerva ein. »Es ist erwiesen, dass Kreativität bei allen Tierarten von Vorteil ist. Ich bin sicher, jedem von euch werden viele Bereiche seines täglichen Lebens einfallen, in denen er kreativ sein kann.«

Anton überlegte, aber ihm fiel spontan nichts ein. Allerdings behielt er das vorläufig für sich.

Die Eule sprach weiter: »Zunächst sollten wir uns einmal fragen: Was ist Kreativität eigentlich?«

»Ideenreichtum«, meinte die Leopardin.

»Die Fähigkeit, Neues zu denken«, sagte King Edward.

Minerva nickte. »Das stimmt schon, aber das ist mir noch zu wenig.«

»Zu wenig?«

»Ja. Plump gefragt: Was hätte euch die pure Idee von der Seilwinde genutzt?«

»Du meinst, es geht auch darum, die Ideen in die Tat umzusetzen?«, meldete sich die Schildkröte zu Wort.

Kreativität ist nur dann eine schöpferische Kraft, wenn man sie auch zu realisieren versteht.

»Genau«, sagte Minerva. »Kreativität – das ist schöpferische Kraft. Aber sie ist nur dann wirklich wertvoll, wenn man sie auch realisieren kann. Wie schwer das ist, hat Alfons heute erlebt.«

»Nicht nur heute«, winkte der Affe ab. »Ich bin Kummer durchaus gewohnt. Glaubt ja nicht, dass die Kunststücke, die ich mir im National- park ausdenke, bei meinen Kollegen immer sofort Anklang finden. Meistens ist – wie bei der Seilwinde – das genaue Gegenteil der Fall: Ich muss lange darum kämpfen, dass wir eine Idee ausprobieren.

Ungewohnte Situationen sind zwar nicht immer angenehm, dafür aber tierisch spannend!

Aber ich liebe nun einmal die Abwechs- lung. Ungewohnte Situationen sind zwar auch für mich nicht immer angenehm, aber eines sind sie ganz gewiss: tierisch spannend!«

Nach dem Abendessen hatte Anton Gelegenheit, sich in aller Ruhe und unter vier Augen mit dem Affen zu unterhalten.

»Ich beneide dich um deine Kreativität«, sagte er. »Als Ameise hat man nicht viel Gelegenheit, neue Ideen auszuprobieren. Tunnel graben, tagein, tag- aus. Reine Routine. Ich wüsste nicht einmal, wie ich zu neuen Ideen komme. Ich glaube, ich kann gar nicht kreativ sein.«

»Unsinn!«, widersprach der Affe. »Jeder kann kreativ sein. Vielleicht ist es der eine mehr und

61

Jeder ist kreativ; der andere weniger, aber ein bisschen kre-
zumindest ativ ist jeder.«
ein bisschen. »Und woran liegt es dann, dass ich noch
nie eine neue Idee hatte?«, fragte Anton.

»Hast du dir denn schon einmal Zeit dafür
genommen?«

Anton stutzte. »Zeit?«

»Natürlich!«, sagte der Affe. »Glaubst du, gute
Ideen fliegen einem zu? Manchmal vielleicht, aber
in der Regel muss man versuchen, seinen Kopf frei
zu bekommen, um Platz für neue Ideen zu
Ideen sind wie Obst: schaffen. Ideen sind wie Obst, merk' dir
Sie müssen wachsen das! Sie müssen wachsen und reifen. Meis-
und reifen. tens hat man zunächst nur einen vagen
Gedanken, der sich über Tage oder Wo-
chen zu einer echten Idee entwickelt. Das Wichtig-
ste ist, dass du dir deine Einfälle notierst, sonst
gehen sie irgendwann verloren. Das wäre doch jam-
merschade.«

»Und was, wenn meine Ideen nichts taugen?«,
hielt Anton dagegen.

»Wenn schon?«, antwortete der Affe. »Es ist nur
natürlich, Fehler zu machen.«

»Ich wollte, mein Chef dächte genauso«, murmelte Anton.

»Fürchte dich nicht vor Fehlern«, sagte Alfons.
»Man kann nur besser werden, wenn man Fehler
macht – und aus ihnen lernt. Ich halte dich
Nur wer Fehler macht für ein schlaues Kerlchen. In dir steckt
und aus ihnen lernt, Potenzial. Alles, woran es dir fehlt, ist der
kann besser werden. Mut zur Kreativität.«

Später am Abend lag Anton auf dem Floß und betrachtete den Sternenhimmel. Zwar war das Gebrüll und das Geknurre der wilden Dschungeltiere auch in dieser Nacht zu hören, aber Anton hatte seine Angst mittlerweile so weit im Griff, dass er beschloss, sich diesmal nicht unter Elmars Ohr zu verkriechen.

Wie am Vorabend, so dachte er auch heute über vieles nach. Hatte der Affe Recht? Gab es auch in Antons von Routine geprägtem Leben Platz für Kreativität?

Tatsächlich dauerte es jetzt, da er sich zum ersten Mal Zeit dafür nahm, nicht lange, bis ihm einige Dinge einfielen, die man beim Tunnelbau im Ameisenhügel verbessern könnte. Vielleicht sollte man die Wände mit trockenen Grashalmen stützen, um sie vor dem Einsturz zu sichern? Möglicherweise konnte man die Gänge auch nach einem effektiveren System anlegen und dadurch letztlich allen Ameisen, die diese Gänge nutzten, Zeit ersparen. Ja, je mehr Freiraum er seinen Gedanken gab, desto verrücktere – aber auch interessantere – Ideen kamen Anton.

Nicht nur, was seinen Arbeitsplatz betraf, war Anton einfallsreich. Auch in seinem eingefahrenen Privatleben sah er plötzlich viele Ansätze zur Kreativität. Er erinnerte sich an die Zeit seiner Jugend, in der er so vieles hatte ausprobieren wollen. Was war nur daraus geworden? Irgendwie waren diese Ideen im Lauf der Zeit in Vergessenheit geraten. Sobald er wieder in seinem Hügel war, wollte er jedoch einiges davon in Angriff nehmen.

Ja, auch heute hatte er eine wichtige Lektion gelernt, die er nicht mehr vergessen wollte. So kramte er sein Palmblatt aus dem Rucksack, und notierte:

Läufst du auf einer Sandbank auf,
sei kreativ und probiere Neues aus –
auch gegen den Widerstand der anderen.
Habe keine Angst vor Fehlern, sondern lerne aus ihnen.
Habe den Mut, dich zum Affen zu machen.

Der dritte Tag

Der Morgen des dritten Tages war wundervoll, wie Anton fand. In der Nacht hatte er von Amelie geträumt und davon, wie er seine neuen Ideen in die Praxis umsetzen wollte. Er hatte in seinem Traum ein Gebläse entwickelt. Zurechtgenagte Blätter dienten als Rotoren, ein kleiner Zweig als Kurbel und ein hohles Schilfrohr als Gehäuse. Mithilfe dieses Apparats konnten die Tunnel im Ameisenhügel wesentlich schneller als bisher freigeräumt werden. Seine Kollegen, insbesondere sein Chef, waren strikt gegen die Einführung dieses Gebläses gewesen, dennoch hatte Anton sie alle überzeugt. Der Erfolg war überwältigend gewesen.

Natürlich war die Konstruktion utopisch. Ein derartiges Gebläse würde es niemals geben. Aber es war ein schöner Traum gewesen, der Anton dazu motivierte, jene Ideen in die Tat umzusetzen, die er am Abend zuvor gesammelt hatte.

Die erste Hälfte des Vormittags verlief ruhig. Die Gruppe diskutierte in lockerer Runde über die Erkenntnisse des Vortags und war ziemlich ausgelassen.

Das änderte sich schnell, als das Wasser lebhafter wurde. Die bisher spiegelglatte Oberfläche begann förmlich zu kochen.

»Überall Stromschnellen!«, stellte der Adler sachkundig fest.

»Weitaus mehr als das«, sagte Minerva, wobei sie ziemlich gelassen klang. »Wir werden demnächst auf einen Wasserfall stoßen.«

»Einen Wa-... Wa-... Wasserfall?«, stotterte die Schildkröte. Vermutlich hatte sie den Scherz des Elefanten nicht vergessen und befürchtete noch immer, mit dem Rücken voran in den Fluss zu plumpsen und wie eine Nussschale bis ans Ende der Welt getrieben zu werden. »Und wa-... wa-... wann genau kommt dieser Wa-... Wasserfall?«

Immerhin war es schon ein »Wa-...« weniger, bemerkte Anton. Herr S.C.H. schien sich wieder zu fangen.

»Leider kann ich euch das nicht genau sagen.« Ob Minerva es nicht sagen wollte oder ob sie es tatsächlich nicht wusste, blieb offen. Der einzige Hinweis, den sie gab, war: »Ich denke, im Lauf der nächsten zwei Stunden werden wir den Steilhang erreichen.«

»Zwei Stunden«, wiederholte die Schildkröte matt, als wisse sie genau, dass sie den heutigen Tag nicht überleben werde.

Anton war mindestens ebenso mulmig zumute. In den letzten beiden Tagen hatte er seine Angst vor dem Wasser beinahe vergessen. Jetzt war sie wieder da, stärker denn je.

Wenigstens befand er sich in guter Gesellschaft. Außer Minerva und King Edward, den beiden Vögeln, schienen alle – vorsichtig ausgedrückt – einen gewissen Respekt vor diesem Wasserfall zu haben.

Selbst Elmars Knie zitterten, auch wenn er die anderen glauben machen wollte, es handle sich lediglich um eine hungerbedingte Schwächephase. »Das habe ich oft, wenn ich lange Zeit nichts gegessen habe«, betonte er. »Es ist ein Zeichen von Unterernährung.«

»Wie hoch ist denn der Wasserfall?«, fragte Anton.

»Ich schätze, an die fünf Meter«, sagte Minerva.

Fünf Meter!, dachte Anton. Ein gewaltiger Abgrund! In Relation zur eigenen Körpergröße waren fünf Meter für eine Ameise in etwa so wie fünf Kilometer für einen Elefanten. Unvorstellbar tief!

Es entbrannte eine heftige und ziemlich unproduktive Diskussion, wie mit dem bevorstehenden Problem umgegangen werden sollte. Das dauerte genau so lange, bis das Floß von einem Strudel erfasst und kräftig durchgerüttelt wurde.

Nach diesem heilsamen Schock war ausgerechnet die langsame Schildkröte die Erste, die die Fassung zurückgewann.

»Wenn wir noch lange so ziellos durcheinander plappern, werden wir demnächst Fischfutter sein«, sagte sie. »Noch haben wir Zeit, uns einen vernünftigen Plan zurechtzulegen und danach zu handeln. Ich schlage Folgendes vor: Alfons, Lea, Anton und ich entwerfen einen Plan, wie wir den Wasserfall überwinden können. Elmar und King Edward bilden unser Frühwarnsystem, damit wir rechtzeitig wissen, wann wir anhalten müssen.«

Das Frühwarnsystem sah so aus: Elmar stand – natürlich äußerst vorsichtig, damit sie nicht kenterten – am Rand des Floßes und ließ seinen Rüssel ins Wasser hängen. Auf diese Weise maß er die Wassertiefe. Sobald er mit der Rüsselspitze den Grund ertasten konnte, sollte er Bescheid geben, denn dann konnte es nicht mehr weit bis zur Klippe sein. King Edward, der eigentlich dafür vorgesehen war, das Floß beziehungsweise den Wasserfall aus der Luft im Auge zu behalten, stellte entsetzt fest, dass er fluguntauglich war. Er musste nicht lange nachdenken, um die Ursache dafür zu finden: Beim gestrigen Frühsport hatte **Informationen** ihm doch Elmars Rüssel einige Federn **bilden die Basis** verletzt. Somit blieb ihm nichts anderes **jeder vernünftigen** übrig, als sich auf den Kopf des Elefanten **Planung.** zu setzen, um von dort aus den Fluss zu beobachten.

Um das Floß stabil zu halten, hatten sich die anderen Seminarteilnehmer am hinteren Ende zusammengetan. Während Minerva am Ruder saß und das Floß auf Kurs hielt, leitete Herr S.C.H. das Planungskomitee, wie er es nannte.

»Der erste Schritt bei jeder Planung ist das Sammeln von Informationen«, erläuterte er.

»Woher weißt du das?«, fragte die Leopardin.

»Ich habe von Berufs wegen viel mit Planung zu tun«, antwortete die Schildkröte. »Ich erzähle euch gern mehr davon – später. Jetzt lasst uns erst einmal diesen Wasserfall bezwingen. Ich will diese Sache möglichst heute noch hinter mich bringen.«

»Einverstanden«, willigte Lea ein. »Also, was denkst du? Welche Informationen benötigen wir?«

Herr S.C.H. dachte einen Moment lang nach. Dann sagte er: »Wir wissen, dass wir in Kürze auf unser Hindernis stoßen werden. Durch Elmar und King Edward werden wir rechtzeitig erfahren, wann es soweit ist. Das ist schon mal die erste wichtige Information. Zweitens wissen wir, dass der Wasserfall fünf Meter tief ist. Also kennen wir die Problemstellung recht gut.«

»Vielleicht kann Minerva uns noch mehr über den Wasserfall erzählen«, schlug Anton vor.

»Gute Idee«, stimmte die Schildkröte zu und fragte die Eule, die bereitwillig Auskunft gab.

»Der Abhang fällt senkrecht in die Tiefe«, erklärte diese. »Unmittelbar an der Klippe ist das Wasser nur wenige Zentimeter tief, allerdings fließt es dadurch umso schneller. Kann ich sonst noch irgendetwas für euch tun?«

»Wie ist das Ufer an dieser Stelle?«, wollte Herr S.C.H. wissen.

Minerva antwortete: »Das linke Ufer ist dicht bewachsen. Rechts ist der Urwald etwas lichter, weil dort viele Steine sind.«

»Okay«, sagte die Schildkröte. »Ich denke, das reicht fürs Erste. Wir haben jetzt alle Informationen über den Wasserfall, die für uns wichtig sind. Vielen Dank, Minerva.«

»Brauchen wir sonst noch Informationen?«, fragte der Affe.

»Nun, es wäre hilfreich, wenn einer von euch schon einmal einen Wasserfall überwunden hätte«, sagte die Schildkröte. »Haben wir einen solchen Experten in unserer Runde?«

Das war nicht der Fall.

»Die Einzige, die das weiß, ist Minerva«, maulte die Leopardin. »Wir sollten sie auch danach fragen.«

Gesagt, getan. Aber diesmal gab die Eule keine Auskunft.

»Na schön, dann müssen wir uns eben mit **Informationen** dem begnügen, was wir haben«, sagte Herr **sind wertlos,** S.C.H.

solange man »Und was machen wir jetzt mit diesen **keine Erkenntnisse** Informationen?«, fragte Anton.

daraus zieht. »Wir werten sie aus. Das heißt, wir machen uns Gedanken darüber, was die Informationen für uns bedeuten. Die Frage lautet: Welche Erkenntnisse lassen sich aus den Informationen ziehen, die wir gesammelt haben?«

»Wir können uns nicht einfach festhalten und den Wasserfall hinuntertreiben lassen«, sagte Lea.

»Richtig«, pflichtete der Affe bei. »Das würde schief gehen, wenn das Wasser an der Klippe nur ein paar Zentimeter tief ist und es danach senkrecht nach unten fällt.«

»Außerdem können wir das linke Flussufer nicht benutzen, um den Wasserfall zu umgehen«, sagte Anton. »Es ist dicht bewachsen. Elmar würde nie durch das Dickicht hindurchkommen.«

»Das sehe ich auch so«, sagte Herr S.C.H. »Gibt es sonst noch irgendwelche wesentlichen Erkenntnisse?«

Es fiel niemandem mehr etwas ein.

»Also schön«, fuhr Herr S.C.H. fort. »Dann kommen wir nach der Informationsbeschaffung und der

Auswertung nun zum dritten Schritt unserer Planung: Wir suchen Lösungen.«

Hier war vor allem wieder Kreativität gefragt, und nach der gestrigen Lektion war jeder bereit, seine Ideen einzubringen. Herr S.C.H. sammelte die Geistesblitze, indem er sie auf einem Palmblatt notierte. Als alle Stichworte zusammengetragen waren, wurden sie diskutiert und zu Lösungsentwürfen weiterentwickelt. Jetzt standen drei Alternativen zur Wahl.

Die besten Lösungen wachsen auf dem Boden der Kreativität.

Erstens: aus Holz und Palmblättern Flügel zu basteln und die Klippe fliegend zu überwinden.

Zweitens: das Floß mithilfe der Seilwindenkonstruktion hinabzulassen, wobei allerdings unklar war, ob es an dem Wasserfall überhängende Äste gab, die kräftig genug waren, das Floß zu halten. Herr S.C.H. wollte Minerva danach fragen, doch die Eule war momentan voll und ganz mit dem Ruder beschäftigt, da sie wieder mit reißenden Strudeln zu kämpfen hatte.

Drittens: das Floß am rechten Ufer entlang zu tragen, um es am unteren Ende des Wasserfalls wieder in den Fluss zu setzen. Da das Floß sehr schwer war, wie sie seit dem Auflaufen auf der Sandbank wussten, würde auch hier die Seilwinde vonnöten sein.

Um zu einer Entscheidung zu kommen, stimmten sie ab. Am schlechtesten wurde die Flugidee bewertet, weil sie voraussichtlich viel Arbeit verursachte und dennoch ein hohes Risiko barg. Wenn die Flügel nichts taugten, würden sie allesamt in die

Tiefe stürzen. Und ein Probeflug war nun mal nicht drin.

Die zweitbeste Lösung war, das Floß zu tragen. Es war zwar wesentlich sicherer als ein Flugversuch, verursachte aber mehr Arbeit, als sich direkt abzuseilen. Somit schnitt am besten die Alternative ab, sich mit der Seilwinde an einem – so vorhanden – überhängenden Ast hinabzulassen.

»Jetzt fehlt nur noch die Durchführung des Plans«, sagte die Schildkröte, und da weder Elmar noch King Edward Gefahr meldeten, blieb ihm noch Zeit, den anderen den – wie er es bezeichnete – »Regelkreis der Planung« zu skizzieren:

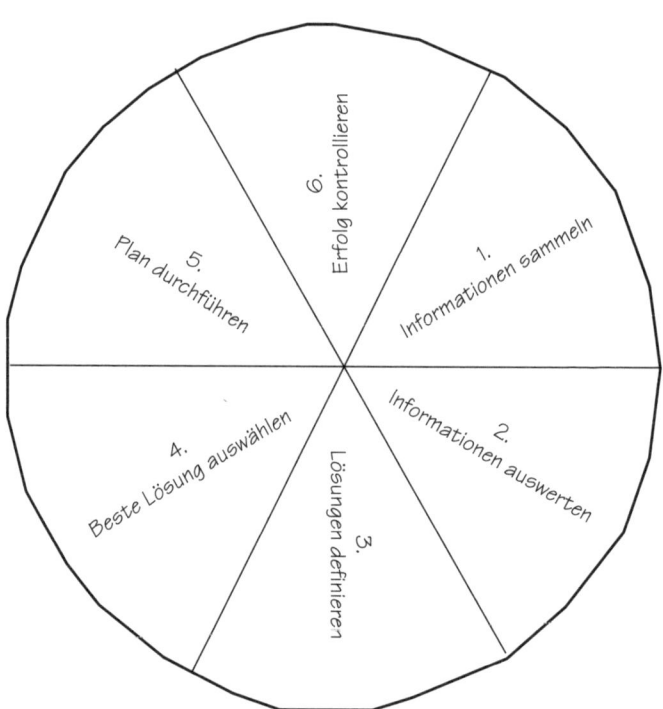

»Was ist mit Punkt sechs?«, wollte Ameise Anton wissen.

Herr S.C.H. sagte: »Es ist wichtig, einen Plan immer wieder auf den Prüfstand zu stellen. Wenn unvorhergesehene Dinge passieren, muss möglicherweise sofort gegengesteuert werden. Im schlimmsten Fall muss die Planung überdacht und modifiziert werden. Nur so kann bei der Arbeit eine gute Qualität gesichert werden. In unserem Fall geschieht die Erfolgskontrolle gewissermaßen automatisch, denn wir werden schnell feststellen, ob unser Plan funktioniert.«

Auch ein guter Plan muss immer wieder auf den Prüfstand.

In diesem Moment meldete sich Elmar. »Rüsselspitze hat Bodenkontakt!«, rief er aufgeregt. »Hört ihr? Rüsselspitze hat Bodenkontakt!«

Beinahe zeitgleich sagte King Edward: »Klippe in Sicht. Ich glaube, wir sind gleich da.«

»Anker werfen!«, befahl Herr S.C.H.

Der Anker war ein an einem Tau befestigtes Holzstück. Der Affe schnappte es und warf es über Bord, sodass es sich zwischen zwei aus dem Wasser ragenden Steinen verkantete. Ein kurzer Ruck, und das Floß stand still im schnell fließenden Strom.

»Unser Plan wird nicht funktionieren«, stellte Alfons sachlich fest.

»Ja«, sagte Lea. »Über dem Wasserfall ist weit und breit kein Ast, an dem wir die Seilwinde befestigen könnten.«

»Nicht verzweifeln, Freunde«, sagte Herr S.C.H. »Wozu haben wir Alternativpläne geschmiedet?«

Sie berieten sich ein letztes Mal, waren sich aber einig, dass sie nun den Fußweg am rechten Flussufer einschlagen wollten.

»Der Boden scheint steinig zu sein«, sagte King Edward, der als Adler selbst auf weite Entfernungen ausgezeichnet sehen konnte.

»Dann haben wir wenigstens festen Halt unter den Füßen«, sagte Herr S.C.H. »Das Ufer ist wenig bewachsen, sodass wir das Floß transportieren können. Außerdem ragen dort, wo es steil bergab geht, ein paar dicke Äste über den Abgrund, sodass wir unsere Seilwinde einsetzen können. Na, wer sagt's denn? Es läuft doch alles wie geplant!«

Dank der Erfindung des Affen war die Trockenlegung des Floßes, der Transport und das fünf Meter tiefe Herablassen weniger anstrengend, als sie befürchtet hatten. Es dauerte zwar einige Zeit, aber außer der ungeduldigen Leopardin beklagte sich niemand. Denn jeder – im Grunde ihres Herzens auch Lea – wusste, dass sie ohne Planung noch viel, viel länger gebraucht hätten.

Schließlich war das Werk vollbracht. Nachdem sie das Floß im unteren Flusslauf wieder ins Wasser gesetzt hatten, klopften sie sich gegenseitig stolz auf die Schultern.

Anton tat der Rücken noch Tage später davon weh, aber er freute sich, einem so erfolgreichen Team anzugehören.

Mit Minerva handelten sie eine verlängerte Mittagspause aus, die sie sich heute redlich verdient hatten. Die Sonne berührte bereits die Baumwipfel, als sie die Fahrt wieder aufnahmen.

Während sie sich in der sanften Strömung dahintreiben ließen und das Rauschen des Wasserfalls sich immer mehr in den Weiten des Dschungels verlor, kam Minerva auf die Lektion dieses dritten Seminartags zu sprechen.

»Erinnert euch an gestern«, forderte sie die Gruppe auf. »Was ist der Unterschied zwischen der Sandbank und dem Wasserfall?«

»*Fünf Meter!*«, witzelte der Affe.

»Das auch, aber ich meinte eher den Charakter der Situation«, sagte Minerva.

Anton dachte einen Moment lang nach, bevor er sagte: »Als wir auf die Sandbank aufliefen, war das für uns unerwartet. Mit dem Wasserfall haben wir gerechnet.«

»Sehr gut«, sagte Minerva. »Deshalb konntet ihr euch rechtzeitig auf das Problem einstellen und euch überlegen, wie ihr damit umgehen wollt. Mit anderen Worten: Ihr konntet planen. Und zwar *bevor* der Wasserfall zum *Problem* wurde. Vor über zweitausend Jahren lebte in China eine weise alte Eule namens Laotse, die einmal riet: Plane das Schwierige da, wo es noch leicht ist. Das habt ihr heute getan. Ihr habt wahrlich mit Weitblick gehandelt. Bravo. Lasst uns noch einmal Revue passieren, wie das vonstatten ging.«

Plane das Schwierige da, wo es noch leicht ist.

»Als wir in die Stromschnellen gelangten, hat Herr S.C.H. als Erster den Schrecken überwunden«, sagte Elmar und errötete ein wenig. »Ist ja gut, ist ja gut – ich gebe es zu. Meine zitternden Knie hatten möglicherweise gar nichts mit Unterernährung zu tun. Aber könnt ihr euch vorstellen, wie man sich fühlt, wenn man zwei Tonnen wiegt und Gefahr läuft, fünf Meter in die Tiefe zu stürzen?«

»Angst ist keine Schande«, sagte Minerva. »Nicht derjenige ist mutig, der keine Angst kennt, sondern der, dem es gelingt, seine Furcht zu überwinden.«

»Auf jeden Fall war es Herr S.C.H., der die Situation gemeistert hat«, sagte Elmar. »Und dafür danke ich ihm, auch wenn ich ihn gelegentlich wegen seiner Langsamkeit foppe. Heute hat er bewiesen, dass Langsamkeit durchaus von Nutzen sein kann. Während wir anderen vor lauter Angst nur *irgendetwas* unternehmen wollten – **Langsamkeit** Hauptsache recht schnell –, hat Herr **kann durchaus von** S.C.H. einen klaren Kopf behalten und uns **Nutzen sein.** dazu angehalten, zuerst nachzudenken und systematisch zu planen. Ich glaube, ohne seine analytische, sorgfältige Vorgehensweise wären wir jetzt noch auf der Klippe und würden hektisch irgendwelche Dinge ausprobieren, weil wir merkten, dass der Tag sich dem Ende neigt und uns die Zeit davonläuft.«

Minerva nickte. »Eine weise Erkenntnis«, sagte sie. »Herr S.C.H., obwohl es kein Geheimnis mehr ist, solltest du uns jetzt verraten, worin deine Stärke liegt.«

»Im *Planen*«, sagte die Schildkröte.

Anton erinnerte sich, dass Herr S.C.H. erzählt hatte, er habe in seinem Job viel mit Planung zu tun. Deshalb fragte er den gepanzerten Alten danach.

»Ich bin für die Verteilung und Überwachung von Futterplätzen zuständig«, sagte Herr S.C.H. »Schildkröten essen zwar nicht ganz so viel wie Elefanten, aber sie haben ebenfalls einen gesegneten Appetit. Meine Aufgabe ist es, die zur Verfügung stehenden Büsche und Gräser so einzuteilen, dass jeder genügend Futter abbekommt. Ich weiß, dass ich mich nicht nur langsam fortbewege, sondern auch langsam handle. Mein Erfolgsrezept ist *Gründlichkeit*. Lieber mache ich mir am Anfang sehr, sehr viele Gedanken, um einen guten Futterplan zu erstellen. Denn wenn meine Pläne nicht aufgehen, kommt es bei den Schildkröten zu enormen Reibereien und Verzögerungen. Weil wir uns so langsam bewegen, dauert es stets eine Ewigkeit, bis wieder alles in Ordnung ist. Deshalb **Gut geplant** sammle ich zuerst Informationen: Wo **ist halb gewonnen.** gibt es neue Futterplätze? Welche alten Stellen sind bereits abgegrast? Wie viele meiner Artgenossen kommen voraussichtlich zum Fressen? Danach werte ich die Informationen aus, das heißt, ich finde heraus, wie ergiebig die Futterquellen und wie hungrig meine Kollegen sind. Dann entwerfe ich Alternativen und wähle die beste Lösung aus. Die Durchführungsphase beginnt bei mir mit der Erstellung des Futterplans und der Einteilung der Schildkröten. Während die anderen fressen, kontrolliere ich, ob auch alles in Ordnung ist. Falls jemand hungert oder am falschen Platz frisst, sorge ich dafür, dass der Missstand beseitigt wird. Aber ich habe festgestellt: Je gründlicher ich plane, desto weniger geht bei der Durchführung schief. Die Zeit, die man am Anfang investiert, holt man allemal rein, wenn hinterher alles reibungslos klappt.«

Wie in diesen Breitengraden üblich, dauerte die Dämmerung nur kurz. Bis die Tiere das Floß am Ufer vertäut hatten, hatte der Abendhimmel sämtliche Farben von Blau über Rot bis hin zu Schwarz angenommen.

Die Geräusche, die aus dem Wald drangen, konnten Anton heute kaum noch schrecken. Erst vor wenigen Stunden hatte er einen Abgrund von fünf Metern Tiefe überwunden. Er fühlte sich den Herausforderungen des Dschungels immer mehr gewachsen.

Auch in dieser Nacht schrieb er vor dem Einschlafen auf, was er gelernt hatte. Heute war das:

Erwartest du einen Wasserfall,
sammle Informationen, werte sie aus,
suche nach Lösungen und wähle die beste
davon. Danach führe deinen Plan aus
und kontrolliere regelmäßig den Erfolg.
Plane dein Vorgehen wie die Schildkröte!

Der vierte Tag

An diesem Morgen wurde Anton unsanft aus dem Schlaf gerissen, denn er war von einer riesigen Flutwelle erfasst worden und drohte, über den Rand des Floßes hinweggespült zu werden. Erst nach einigen Augenblicken begriff er, dass die riesige Flutwelle nichts weiter als ein Regentropfen gewesen war. Dennoch war Anton nass von oben bis unten.

Volltreffer, dachte er.

Die unfreiwillige Dusche sollte nicht die einzige bleiben, denn es dauerte keine zwei Minuten, bis der Himmel seine Schleusen öffnete und es in Strömen goss.

Nach und nach wachten auch die anderen Tiere davon auf. Zuerst Minerva und King Edward, kurz darauf Alfons.

Als Lea knurrend aufstand und sich das Fell ausschüttelte, kam Anton sich vor, als stünde er unter dem Wasserfall von gestern. Aber er sagte nichts, sondern wrang sich wortlos seine Fühler aus. Lea schien ohnehin nicht gerade bester Laune zu sein.

Die Schildkröte hatte Kopf, Schwanz und Beine eingezogen. Derart geschützt konnte ihr die Nässe nichts anhaben. Die Regentropfen prallten einfach an ihr ab.

Anton begann schon, sie wegen ihres Panzers zu beneiden, als er sie schimpfen hörte: »Verflixt und zugenäht! Wer immer es ist – hör sofort mit dem Getrommel auf!«

»Niemand trommelt dir auf den Rücken«, sagte Anton. »Es regnet, das ist alles.« Offenbar hatte ein Schildkrötenpanzer nicht nur Vorzüge, sondern auch seine Tücken.

Zuerst fuhr Herr S.C.H. seinen Schwanz aus, dann alle Viere, am Ende folgte der Kopf. Kaum, dass die Schildkröte die Augen geöffnet hatte, traf sie auch schon ein besonders dicker Tropfen mitten auf den Schädel.

»Na, das kann ja heiter werden«, murrte sie.

Jetzt schlief nur noch der dicke Elmar, dem selbst der heftige Regen nichts anhaben konnte.

Minerva betrachtete mit eingezogenem Kopf den Himmel über dem Fluss und sagte: »Ich glaube, heute wird es nur einmal regnen – und zwar ununterbrochen. Es wird das Beste sein, wenn wir das Dach aufspannen.«

»Wir haben ein Dach?«, fragte King Edward.

»Ja«, sagte Minerva. »Die vier Holzstäbe, die am Heck liegen, werden an den vier Ecken unseres Floßes aufgestellt. Darüber legen wir eine Matte aus geflochtenen Palmwedeln. Sie muss neben den Stäben liegen, eingerollt und verschnürt. Dort hinten beim Proviant.«

Als sei das sein Stichwort gewesen, schlug der Elefant die Augen auf und murmelte: »Proviant? Habe ich da eben etwas von Proviant gehört?«

Das Dach war schnell errichtet. Die Aussicht auf das Frühstück spornte Elmar zu einem neuen Geschwindigkeitsrekord an.

Später trieb das Floß – wie einst Noahs Arche – in einem sintflutartigen Wolkenbruch über das unruhige Wasser. Zwar saßen sie nun im Trockenen, doch das Unwetter trübte die Stimmung ungemein.

»Regen!«, zischte die Leopardin verstimmt vor sich hin. Ihr schlug der nicht enden wollende Schauer am meisten aufs Gemüt.

Minerva versuchte, der Situation etwas Positives abzugewinnen. »Wasser ist der Quell des Lebens«, sagte sie.

»Aber muss es gleich so viel davon sein?«, entgegnete die Leopardin.

»Wirst du vom Wasser immer nasser, wirst du zum Wassermassenhasser«, scherzte der Affe. Aber keiner lachte, nicht einmal er selbst.

Das Wetter besserte sich bis zum Mittag nicht. Im Gegenteil. Zu dem unablässigen Regenguss gesellte sich auch noch ein Gewitter, wie es im Urwald selten vorkam. Blitze zuckten in bizarren Formen vom Himmel herab, und kräftige Donnerschläge zerrissen die Luft.

Es war beängstigend.

Am liebsten hätte Anton sich irgendwohin verkrochen, an irgendeinen geschützten Ort, an dem man keine Angst haben musste, geröstet zu werden. Doch wo findet man einen solchen Ort auf einem Floß mitten in der Wildnis? Nicht einmal unter dem Ohr des Elefanten hätte Anton sich heute sicher gefühlt.

So sehr er sich auch davor fürchtete – Anton wurde nicht vom Blitz getroffen. Sehr wohl aber ein Baum am Ufer, der sich unmittelbar vor ihnen befand. Anton sah, wie die Krone des hölzernen Riesen trotz des Regens in Flammen aufging und wie sein mächtiger Stamm von der Urgewalt der Natur gespalten wurde, einfach so. Beinahe im selben Moment ertönte ein ohrenbetäubender Donnerschlag, und die Luft vibrierte. Danach schien für einen Augenblick alles still zu sein.

Bis Anton das Knacken hörte.

Was zunächst wie ein weit entferntes Geräusch geklungen hatte, schwoll schnell zu einem dröhnenden Knirschen an, beinahe ebenso laut wie der Donner. Zunächst war noch nichts Verdächtiges zu sehen, dann jedoch bemerkte Anton, wie der vom Blitz getroffene Baum auseinander brach. Die brennende Blätterkrone neigte sich zur Seite, der Riss im Stamm bahnte sich seinen Weg nach unten, das Knacken wurde noch bedrohlicher.

Plötzlich war Anton klar: Wenn der Baum in den Fluss kippte, würde er sie treffen. Er sah sich um und bemerkte, dass die anderen Tiere das spektakuläre Schauspiel ebenso fassungslos beobachteten wie er selbst. Ihnen war anzusehen, wie bewusst ihnen die Gefahr war, in der sie schwebten. Aber keiner war in der Lage sich zu rühren.

Auch Anton nicht.

Als er erkannte, dass der brennende Baum tatsächlich auf sie stürzen würde, wollte er etwas tun, irgendetwas, um das Floß zu stoppen. Aber seine Beine waren wie angenagelt, und zwar gleich alle sechse. Von Panik erfüllt, wollte er einen Schrei ausstoßen, aber nicht einmal das gelang.

Da geschah, was er nicht mehr für möglich gehalten hätte: Lea, die Leopardin, löste sich aus ihrer Starre, schnappte mit ihrem Maul die Ankerleine und sprang über Bord. Nie würde Anton den riesigen Satz vom Floß bis hinüber zum Ufer vergessen. Mit einem zweiten Satz gelangte Lea zu einem Baumstumpf, um den sie rasend schnell das Seil wickelte.

Voller Sorge betrachtete Anton die Ankerleine. Glücklicherweise hielt sie der Belastung stand. Sie spannte sich, das Floß stoppte. Und der Baum krachte knapp vor ihnen in den Fluss. Gischt spritzte nach allen Seiten, ein Ast zerriss das Regendach, das Floß wurde durchgeschüttelt.

Dann war der ganze Spuk wieder vorbei, ebenso schnell, wie er gekommen war. Die Angst fiel von Anton ab wie ein riesiger Felsbrocken. Er betastete seine Fühler und seine Beine. Zu seiner großen Erleichterung stellte er fest, dass mit ihm alles in Ordnung war.

Wie sich bald herausstellte, hatte sich auch keiner der anderen verletzt. Am knappsten war King Edward seinem Schicksal entronnen. »Ein brennender Zweig hat mich beinahe am Hinterteil gestreift«, erzählte er. »Wenn er mich erwischt hätte, könnte man mich jetzt womöglich für ein Brathähnchen halten. Ein Glück, dass ich meine Schwanzfedern schon vor zwei Tagen beim Frühsport eingebüßt habe.«

Da niemandem mehr nach Weiterfahren zumute war, beschloss die Gruppe, an Land zu gehen. Sie fanden ein einigermaßen trockenes Plätzchen unter einer Palme mit breiten, ausladenden Blättern. Hier wollten sie bleiben, bis das Unwetter sich ausgetobt hatte.

Nachdem die allgemeine Beunruhigung sich gelegt und jeder genug darüber philosophiert hatte, was alles hätte passieren können, sagte Minerva: »Dieser, äh, Zwischenfall tut mir schrecklich Leid. Er war nicht eingeplant gewesen – jedenfalls nicht an dieser Stelle.«

»*Nicht an dieser Stelle?* Was soll das denn bedeuten?«, fragte Herr S.C.H.

»Nun, ich hatte tatsächlich vor, euch einer derartigen Situation auszusetzen«, antwortete die Eule. »Ein Stückchen weiter flussabwärts. In etwa zwei Stunden hätten wir die Stelle erreicht. Ich hatte dafür extra ein paar Termiten als Holzfäller engagiert. Das Gewitter ist mir jedoch zuvorgekommen.«

»Und darf man fragen, weshalb du geplant hast, uns umzubringen?«, fragte die Schildkröte.

»Aber wo denkst du hin?«, sagte Minerva. »Ich wollte euch doch nicht umbringen. Es ging mir auch nicht darum, euch einen Schrecken einzujagen.«

»Sondern?«

»Ich wollte euch die vierte Lektion lehren.«

King Edward verzog ungläubig den Schnabel. »Jetzt mal von Vogel zu Vogel: Wie lautet die vierte Lektion? *Weiche umstürzenden Bäumen aus?*«

»Natürlich nicht«, sagte Minerva. »Hör mir zu. Ihr alle, hört mir zu. Ich weiß, es war brenzlig. Aber lasst uns versuchen, auch aus diesem Erlebnis zu

lernen. Wir alle wurden heute mit einer unvorhergesehenen Situation konfrontiert.«

»Das dürfte die Untertreibung des Jahrhunderts
sein«, murmelte King Edward.

»Ja, aber das war der Charakter der Situation«,
sagte Minerva. »Erinnert euch an unseren ersten
Tag, daran, dass wir diesen Dschungel als Sinnbild
für unser Leben sehen wollen. Alles ist im Fluss –
das haben wir damals festgestellt. Und wo die Dinge im Fluss sind, gibt es Ereignisse, mit denen wir
nicht rechnen. Ereignisse, die uns überraschen.
Alles Unvorhergesehene ist zunächst beängstigend.
Zugegeben – nicht immer so beängstigend wie ein
umstürzender Urwaldriese, aber dennoch
beschleicht uns dabei meist ein unange- **Angst lähmt, doch:**
nehmes Gefühl. Das Gefühl der Angst. **Alles ist besser,**
Was ist die Folge davon? Ich denke, wir **als nichts zu tun.**
haben es heute nur allzu deutlich am eige-
nen Leib erfahren: Wir sind wie gelähmt. Nur Lea
war in der Lage, zu handeln und uns damit vielleicht
das Leben zu retten. Lea, erzähle uns doch, was in
dir vorgegangen ist, als der Blitz in den Baum einschlug.«

»Ich stand zunächst wie angewurzelt da – so wie
ihr alle«, begann die Leopardin. »Ich fürchtete mich.
Aber wehe, einer von euch erzählt das weiter! Nun,
jedenfalls bemerkte ich, dass wir in Gefahr schwebten und von dem Baum erschlagen würden, wenn
keiner etwas unternimmt. Mir war klar, dass ich das
Floß irgendwie anhalten musste. Als ich die Ankerleine sah, dachte ich mir: *Alles ist besser, als nichts
zu tun.* Ich habe abgewägt, ob ich es mit einem Satz

bis zum Ufer schaffe und ob die Zeit noch reicht. Dann bin ich losgesprungen.«

Von Minerva danach gefragt, erzählte Lea ein wenig von ihrem Job. Wie die meisten ihrer Artgenossen war sie ein Jäger. In dieser Eigenschaft musste sie sich oft rasend schnell entscheiden. Nach links rennen? Oder besser nach rechts? Möglicherweise einen Haken schlagen? Schnelligkeit und Flexibilität – das waren die Attribute, die für sie bezeichnend waren.

»Widerspricht das nicht unserer Lektion von gestern?«, fragte der Elefant. »Einerseits sollen wir so gründlich planen wie Herr S.C.H., andererseits ist Schnelligkeit und Flexibilität erforderlich. Woher soll ich wissen, in welcher Situation ich wie handeln soll?«

»Eine gute Frage«, sagte Minerva. »Im Gegensatz zu hcute kam die Problemstellung gestern nicht *überraschend*. Ihr wusstet, dass ihr auf **Plane, was du planen** einen Wasserfall zufahrt, und ihr habt die **kannst, aber bleibe** Gelegenheit genutzt, einen Plan zu ent- **flexibel genug,** werfen, sozusagen eine Handlungsanlei- **um auf Unerwartetes** tung, um das Problem so gut wie möglich **eingehen zu können.** zu meistern. Heute hingegen hattet ihr es – wie manchmal im Leben – mit einem *unvorhergesehenen Ereignis* zu tun. Das heißt: Plant, was ihr planen könnt, aber bewahrt euch die Flexibilität, auf Unerwartetes einzugehen. Vor allem vergesst nicht zu handeln. Wenn es eure bewusste Entscheidung ist, *nicht* zu handeln, ist auch das okay. Schlimm ist es nur dann, wenn man – wie heute – aus Angst handlungsunfähig wird.

Oder aus Trägheit. Oder aus Gewohnheit. Es gibt viele Gründe, weswegen Tiere nichts unternehmen. Noch einmal: Solange es eine bewusste Entscheidung ist, ist gegen Passivität nichts einzuwenden. Aber wenn ein Baum euch zu erschlagen droht, solltet ihr *das Problem aktiv lösen*.« Sie warf einen Blick in den Regen hinaus und meinte: »Ich denke, ich fliege jetzt los, um die Termiten nach Hause zu schicken, bevor sie sich bei diesem Unwetter erkälten. Wir sehen uns später. Bleibt hier und denkt noch ein wenig über den heutigen Tag nach.«

Gegen Passivität ist nichts einzuwenden, solange man sich *bewusst* dafür entschieden hat.

Das tat Anton. Viel anderes gab es auch nicht für ihn zu tun, denn angesichts des miserablen Wetters verspürte niemand große Lust auf ein angeregtes Gespräch. Der Zwischenfall mit dem umgestürzten Baum trug ebenfalls zur allseitigen Niedergeschlagenheit bei, die sich bis in die Nacht hinein nicht auflöste.

Das monotone Prasseln des Regens machte Anton an diesem Abend früh müde. Doch bevor er sich dem wohl verdienten Schlaf hingab, schrieb er sich auch heute auf seinem Palmblatt auf, was er gelernt hatte:

Droht ein Baum dich zu erschlagen,
entscheide und handle schnell.
Wenn du auf unvorhergesehene Gefahren
triffst, sei flexibel wie die Leopardin!

Der fünfte Tag

Anton träumte in dieser Nacht von Amelie, davon, wie sie zu sanften Rhythmen einen Ameisenrumba tanzten. Da hierbei insgesamt zwölf Beine koordiniert werden mussten, war dies kein leichtes Unterfangen, zumal die Musik sich an ihrer schönsten Stelle grauenvoll verzerrte. Über die lieblichen Töne des Ameisenorchesters legte sich ein plumper Tubaklang, ausgerechnet, als Anton sich an die Wange seiner Herzdame schmiegen wollte. Anton geriet aus dem Takt, stolperte … und wachte auf.

Aus der süße Traum von Amelie.

Anton seufzte und hörte erneut einen Missklang, der ihm augenblicklich die Fühler pelzig werden ließ. Verstimmt sah er sich nach dem morgendlichen Störenfried um. Aber niemand war zu sehen.

Anton stand auf und verließ sein Nachtlager. Erfreut stellte er fest, dass es inzwischen nicht mehr regnete. Die Sonne hatte die Wolken vertrieben. Das hob seine Stimmung zumindest so lange, bis er den nächsten brummigen Ton vernahm.

Also folgte er dem Krach, bis er Elmar erspähte, der an diesem Tag offenbar als Erster aufgewacht war und sich bereits sein Frühstück schmecken ließ, wobei er nach Herzenslaune vor sich hin trompetete.

»Einen wunderschönen guten Morgen, Kleiner!«, grüßte der Elefant, als er Anton erblickte.

»Guten Morgen«, erwiderte Anton. An Bezeichnungen wie »Kleiner«, »Zwerg« oder »Winzling« würde er sich nie gewöhnen, aber er unterließ es, den Elefanten darauf anzusprechen. Immerhin hatte er ihn in der ersten Nacht unter seinem Ohr schlafen lassen.

»Wünsche, wohl geruht zu haben!«, sagte Elmar und schob sich eine komplette Bananenstaude in sein Maul.

»Bis zu einem gewissen Zeitpunkt schon«, gab Anton zurück.

Der Elefant hörte zu kauen auf. »O je, habe ich dich etwa geweckt?«

»Ist schon gut«, winkte Anton ab.

»Das tut mir wirklich Leid«, entschuldigte sich Elmar. »Es war keine Absicht.«

»Mach' dir keine Gedanken darüber«, beruhigte ihn Anton, dessen Laune sich zusehends besserte. »Ich habe einen leichten Schlaf. Weshalb freust du dich so?«

»Ich? Mich freuen?«

»Natürlich«, erwiderte Anton. »Normalerweise bist du ein Langschläfer, heute bist du jedoch der Erste, der aufgestanden ist. Außerdem trompetest du vor dich hin, dass die Bäume wackeln. Was ist los?«

Der Elefant schob sich eine weitere Bananenstaude ins Maul, schmatzte zufrieden und sagte: »Keine Ahnung. Ich bin einfach gut drauf. Am Anfang wollte ich gar nicht an diesem blöden Seminar teilnehmen. Als Minerva uns dann sagte, dass

94

wir sieben Tage auf einem Floß verbringen würden, wäre ich am liebsten sofort umgekehrt und nach Hause gegangen. Ständig muss ich mich bewegen, als würde ich auf rohen Eiern laufen, damit das Floß nicht kippt. Na ja, jedenfalls hat es mich reichlich Überwindung gekostet, mich auf diesen wackeligen Untersatz zu wagen. Dann haben erst einmal alle an mir herumgenörgelt. Von wegen Tiefgang und so.«

»Und deshalb hast du so gute Laune?«, fragte Anton erstaunt.

»Natürlich nicht, Kleiner«, entgegnete der Elefant. »Ich bin guter Stimmung, weil ich im Lauf der letzten Tage gemerkt habe, dass mir die Fahrt Spaß macht. Ich glaube, der Affe hat mich beeinflusst. Jedenfalls finde ich unser Abenteuer unglaublich spannend. Ich bin neugierig, wie es weitergeht.«

»Haben das gestrige Gewitter und der umstürzende Baum dir gar keinen Schrecken eingejagt?«

»Und ob«, sagte Elmar. »Aber heute bin ich froh, dass der Zwischenfall so glimpflich verlaufen ist. Ich freue mich ganz einfach am Leben. Das solltest du übrigens auch tun.«

Wie sich herausstellte, war der Elefant jedoch der Einzige, dessen Laune sich über Nacht gebessert hatte. Allen anderen steckte der Schreck des letzten Tages noch in den Gliedern. Selbst der Affe schien seine Abenteuerlust mit dem gestrigen Blitzeinschlag eingebüßt zu haben. Und die Schildkröte hatte ihr persönliches Stimmungstief erreicht.

Nur wenig positiver sah King Edward die Situation. »Wir wurden gestern beinahe erschlagen!«, krächzte er. »Und gegrillt! Ich denke, nach diesem Zwischenfall sollten wir den Rest des Seminars sausen lassen und unsere Reise beenden. Wer weiß, was passiert, wenn wir unser Schicksal weiter herausfordern?«

»Ich kann mir vorstellen, als Grillhähnchen würdest du gar nicht so schlecht aussehen«, sagte der Elefant.

King Edward fand den Spaß gar nicht komisch. »Ja ja, mach' du nur deine Witze!«, zischte er. »Wenn ich so groß und ...«

»Stark?«

»Nein, ich wollte *dick* sagen! Wenn ich so groß und *dick* wäre wie du, würde ich mir auch keine Gedanken machen. Selbst wenn der ganze Wald über uns zusammenbricht, würde dir nichts geschehen.«

»Der Adler hat Recht«, sagte Lea. »Dass ich so schnell reagieren und das Floß rechtzeitig stoppen konnte, war purer Zufall. Einen Tick später, und wir wären jetzt Fischfutter.«

»Abgesehen von Elmar«, bemerkte King Edward spitz.

Der Elefant wollte »Du Grillhähnchen!« hinzufügen, verkniff es sich aber im letzten Augenblick, weil er den Zwist nicht weiter schüren wollte. Stattdessen sagte er: »Ich gebe es ja zu: Die Sache von gestern hätte böse enden können. Niemand bestreitet das.«

»Und deshalb sollten wir zu Fuß weitermarschieren!« Der Einwurf kam vom Affen. »Ihr kennt mich inzwischen. Ich bin wahrlich abenteuerlustig. Aber was zu viel ist, ist zu viel.«

Ein paar Minuten lang herrschte unschlüssiges Schweigen. Dann sagte Minerva: »Ich sehe, dass ihr euch über Nacht Gedanken gemacht habt. Das ist gut – eine Nacht über ein Problem zu schlafen. Denn am nächsten Morgen sieht man die Dinge oft viel klarer. In diesem Fall seid ihr zu dem Schluss gekommen, dass die Weiterreise zu gefährlich sei. Ich nehme es niemandem übel, wenn er umkehren möchte. Allerdings schlage ich vor, dass wir uns auf ein gemeinsames Vorgehen einigen.«

»Gute Idee«, sagte King Edward. »Wer dafür ist, die Reise abzubrechen, erhebe die Hand, den Flügel, die Pfote oder was auch immer.«

Anton sah, wie sich der Reihe nach Gliedmaßen in die Höhe reckten. Nur Minerva und Elmar regten sich nicht – Minerva, weil sie sich als Seminartrainerin der Stimme enthielt, Elmar, weil er weiterfahren wollte.

»Und was ist mit dir, Zwerg?«, fragte King Edward Anton.

»Ich bin noch unentschlossen«, antwortete Anton.

»Hast du gestern nichts gelernt?«, gab King Edward zurück. »Es gibt Situationen, in denen man schnell entscheiden muss. Diesem Seminar liegt eigentlich eine Planung zugrunde. Dann kam etwas dazwischen. Und jetzt müssen wir flexibel sein und schnell handeln.«

Anton dachte nach. Zu seinem eigenen Erstaunen hörte er sich zum König der Lüfte sagen: »Schnell heißt nicht zwangsläufig unüberlegt. Mir scheint, als hättet ihr euch bereits ausreichend Gedanken gemacht. Ich hingegen habe nie ernsthaft in Erwägung gezogen, das Seminar abzubrechen. Einerseits bin ich dafür, weil ich mich gestern mindestens ebenso gefürchtet habe wie jeder **Schnell zu** von euch. Andererseits sind wir schon so **handeln heißt** weit gekommen. Deshalb fände ich es **nicht zwingend,** schade, vorzeitig aufzugeben. Ich bitte **unüberlegte** euch: Gebt mir noch eine Stunde Zeit, nur **Entscheidungen** so lange, bis ihr gefrühstückt habt. Danach **zu treffen.** sage ich euch, wie ich mich entschieden habe.«

»Im Grunde spielt deine Meinung gar keine Rolle«, warf Herr S.C.H. ein. »Alfons, King Edward, Lea und ich sind in der Mehrheit. Selbst wenn du für die Weiterfahrt stimmst, steht es vier zu zwei.«

»Andererseits ist gegen ein Frühstück nichts einzuwenden«, sagte Lea, der das schlechte Wetter gestern so aufs Gemüt geschlagen hatte, dass sie kaum etwas gefressen hatte. Jetzt quälte sie der Hunger umso mehr. »Lasst uns jetzt essen – danach machen wir uns auf den Rückweg.«

Also ist es bereits beschlossene Sache, dachte Anton, der selbst nicht wusste, ob er deshalb niedergeschlagen oder froh sein sollte.

Jedenfalls tat ihm der Elefant Leid, denn von dessen guter Laune war kaum noch etwas übrig geblieben.

»Was ist los, Elmar?«, fragte Lea. »Komm mit uns frühstücken.«

»Ich habe schon gefrühstückt«, sagte Elmar.

»Dann gönne dir ein zweites Frühstück«, konterte Lea. »Sonst hast du doch auch die ganze Zeit Hunger.«

»Nein danke«, murmelte Elmar vor sich hin. »Heute ist mir der Appetit vergangen.«

Während die anderen sich zum Futterplatz begaben, schlenderte Elmar in die entgegengesetzte Richtung. Anton war hin- und hergerissen, weil er nicht wusste, was in dieser Situation richtig oder falsch war. So blieb er einfach auf der Stelle sitzen, um nachzudenken.

Als das Frühstück vorbei war, kamen die anderen zurück.

King Edward fragte: »Na, wie hast du dich entschieden, Knirps?«

Knirps – das war wenigstens mal etwas anderes.

»Ich glaube, ich bin dafür, dass wir die Reise fortführen«, erwiderte Anton.

»Okay«, meinte der Adler. »Damit steht es vier zu zwei, und wir kehren dennoch um. Wo ist Elmar?«

»Soweit ich weiß am Fluss«, seufzte Anton.

»Dann lasst uns ihn holen, damit wir endlich von hier verschwinden können.«

Tatsächlich war Elmar am Ufer. Er hatte begonnen, das Floß freizulegen, das zwischen einigen Zweigen und Ästen des umgestürzten Urwaldriesen festsaß.

»Wir packen jetzt unsere Sachen und wandern zu unserem Ausgangspunkt zurück«, sagte King Edward. »Komm mit uns. Die Reise ist zu Ende.«

»Ich werde nicht mit euch gehen«, grummelte der Elefant.

»Du störrischer, grauer Dickhäuter!«, krächzte der Adler. »Wir haben uns auf ein gemeinsames Vorgehen geeinigt. Da kann ein Einzelner nicht aus der Reihe tanzen!«

Elmar erzählte den anderen, was er Anton bereits beim Frühstück gesagt hatte, nämlich, dass er trotz anfänglicher Skepsis Spaß an der Floßfahrt gefunden habe. »Ich habe es zunächst nicht glauben wollen, aber es stimmt: Ich habe viel über mich und mein Leben gelernt. Deshalb will ich die Fahrt zu Ende bringen.«

»Wir sind mehrheitlich der Meinung, dass die Reise auf dem Fluss zu gefährlich ist«, schnarrte Herr S.C.H.

»Zu gefährlich, sagst du?«

»Ja, zu gefährlich. Vielleicht nicht für dich, aber für uns. Und wenn du auf eigene Faust weiterfährst, kann diese Reise auch für dich zum Verhängnis werden. Also schließ dich uns an.«

Elmar dachte einen Moment lang nach. »Wie viele derartige Zwischenfälle hast du bei deinen Seminaren erlebt, Minerva?«, fragte er.

»Zum Glück ist das der erste«, antwortete die Eule.

»Aha«, sagte Elmar. »Und nun frage ich euch alle: Wie viele Unwetter habt ihr – abgesehen von diesem – schon erlebt?«

Die Antworten schwankten natürlich. Anton war mit drei Gewittern der unerfahrenste. Herr S.C.H. hatte mit seinen einhundertachtzehn Jahren schon so viele Unwetter überstanden, dass er aufgehört hatte mitzuzählen. »Aber es waren eine ganze Menge«, stellte er voller Stolz fest.

»Und trotz dieser Menge lebst du noch?«, fragte Elmar mit übertriebenem Erstaunen. »Wie kommt es, dass das tückische Wetter dich nicht schon lange umgebracht hat?«

»Spar dir deine Ironie«, entgegnete Herr S.C.H. »Was ich bisher überstanden habe, tut nichts zur Sache. Fest steht, dass das gestrige Gewitter eine ernste Gefahr für uns darstellte.«

»Worauf ich hinauswill, ist Folgendes«, erklärte Elmar. »Wie groß ist die Wahrscheinlichkeit, dass uns tatsächlich etwas passiert? Bei all den Gewittern, die du gesehen hast: Wie viele Bäume wurden vor deinen Augen vom Blitz getroffen und hätten dich beinahe erschlagen?«

Die Wahrscheinlichkeit, dass etwas wirklich Schlimmes passiert, ist nur in unserer Fantasie groß.

»Keiner«, musste Herr S.C.H. zugeben.

»Und wie viele deiner Schildkrötenkollegen wurden beinahe von einem Baum erschlagen, der von einem Blitz getroffen worden war?«

»Keiner.«

»Nun zu euch anderen«, fuhr der Elefant fort. »Ist irgendjemand unter euch, der – mit Ausnahme von gestern – schon einmal von einem umstürzenden Baum überrascht wurde?«

Keiner meldete sich zu Wort.

»Oder habt ihr dergleichen wenigstens schon einmal aus der Entfernung gesehen?«

Wieder keine Antwort.

»Oder kennt ihr jemanden, der Zeuge eines solchen Ereignisses wurde?«

Nach einer Weile meldete der Affe sich zu Wort: »Ich habe eine Tante zweiten Grades, deren Stiefsohn jemanden kennt, der ...«

»Genau das ist es, was ich meine«, unterbrach Elmar ihn. »Bäume, die vom Blitz getroffen werden und jemanden erschlagen, sind so selten, dass es sich nicht lohnt, sich permanent Sorgen deshalb zu machen.«

»Wir können doch nicht einfach die Augen vor den Gefahren des Dschungels verschließen!«, rief Lea empört.

»Das will ich auch gar nicht«, sagte Elmar. »Ich will euch nur sensibilisieren, damit ihr diese *Gefahren realistisch einschätzt*. Ihr alle habt **Verschließe nicht** gerade bestätigt, dass es so gut wie ausge-**die Augen vor den** schlossen ist, von einem Baum erschlagen **Gefahren, aber lerne,** zu werden, der von einem Blitz getroffen **sie realistisch** wurde. Der Einzige, der – nun, sagen wir – **einzuschätzen.** mehr oder weniger direkte Erfahrungen damit hat, ist Alfons. Und ich wette, dass der Bekannte des Stiefsohns seiner Tante zweiten Grades sich nicht auf einem Floß befand, als der Blitz einschlug. Oder, Alfons?«

»Stimmt«, gab der Affe zu.

»Also könnte uns der Blitz oder der Baum überall treffen«, fuhr Elmar fort.

»Du scheinst nur eines zu vergessen«, sagte Herr S.C.H. ernst. »Es geht hier nicht nur um vom Blitz getroffene Bäume. Die Gefahren, die im Urwald lauern, sind vielfältig.«

»Das ist richtig. Aber wie immer die Gefahren aussehen mögen – ist es nicht so, dass wir sie in der Regel meistern? Wir alle haben schon dutzende, wenn nicht gar hunderte von Situationen erlebt, in denen wir uns hätten verletzen oder in denen wir hätten sterben können. Oder – etwas weniger dramatisch – Situationen, von denen wir glaubten, sie würden uns den Job kosten. Haben sie uns tatsächlich den Job gekostet? Hat unser Chef uns den Kopf abgerissen?«

Er ließ die Frage unbeantwortet. »Wie ihr wisst, arbeite ich als Baumfäller bei den Elefanten. Da kommt es immer wieder zu Pannen. Ich habe schon mehr umstürzende Bäume erlebt als ihr alle zusammen. Sicher – das ist nicht so unvorhersehbar wie unser Erlebnis gestern. Dennoch kommt es jedes Mal überraschend. Außerdem ist es auch für uns Elefanten gefährlich. Unsere dicke Haut **Sei wie der Fels,** schützt uns nur bis zu einem gewissen **an dem sich beständig** Grad. Ich habe schon viele Wunden gese- **die Wellen brechen.** hen und mir auch selbst einige zugezogen. Soll ich mir deshalb jeden Tag Sorgen machen? Ich versuche, so aufmerksam wie möglich zu sein, aber ich lasse mir davon den Spaß an der Arbeit und am Leben nicht nehmen. Wenn mal etwas schief geht, treibe ich mich um so mehr zum Durchhalten an.«

Minerva hatte auch hierfür ein passendes Zitat zur Hand, diesmal von der altrömischen Eule Marc Aurel, wie sie sagte. »Sei wie der Fels, an dem sich beständig die Wellen brechen! Mit anderen Worten: Seid beharrlich in eurem Streben.«

»Ganz meine Meinung!«, stimmte Elmar zu. »Je größer das Hindernis, das man beseitigen muss, desto größer der Erfolg. Vertraut euren Fähigkeiten und gebt nicht vorschnell auf.«

»Wenn ich so robust wäre wie du, würde ich das auch sagen«, meldete sich King Edward zu Wort.

»Ja, es mag sein, dass ich groß und stark und dadurch weniger verletzlich bin als ihr«, räumte der Elefant ein. »Aber hat nicht jeder von euch einen Vorzug, der ihn vor etwaigen Gefahren schützt? Lea kann sehr schnell reagieren oder fliehen. Alfons würde schnurstracks auf einen anderen Baum klettern, um sich dort in Sicherheit zu bringen. King Edward würde bei Gefahr davonfliegen – jedenfalls, wenn er nicht gerade von einem Elefanten seiner Schwanzfedern beraubt wurde. Und du, Herr S.C.H., müsstest nur den Kopf einziehen, damit dein Panzer ihn schützt. Selbst Anton hat einen Vorteil: Er ist so klein und sein Insektenkörper so stabil, dass ein paar Blätter oder Zweige ihm nichts anhaben können. Ihn müsste schon der dicke Stamm treffen.«

»Nur damit ich das richtig verstehe«, hakte King Edward nach. »Deine Botschaft lautet also, dass viele unserer Ängste unbegründet sind?«

»Nicht unbegründet«, sagte Elmar. »Eher aufgebauscht von eurer Fantasie. Deshalb wählt ihr lieber den Rückweg, obwohl uns niemand garantiert, dass wir am Ufer nicht von einem Hochwasser überrascht, von einem Krokodil angefallen oder ebenfalls von einem umstürzenden Baum erschlagen werden.«

Elmar sah in die Runde, dann drehte er sich um und fuhr fort, die verkohlten Baumteile vom Floß zu räumen. Die anderen saßen im Halbkreis um ihn herum, offenbar unentschlossen, wie es nun weitergehen sollte.

»Ich erinnere noch einmal an das Wahlergebnis«, sagte King Edward. »Vier zu zwei! Wenn Elmar unbedingt hier bleiben will, kann er das tun. Wir anderen sollten jetzt aufbrechen, um nicht noch mehr Zeit zu verlieren.«

Da fasste Anton sich ein Herz und trat aus der Reihe. »Ich werde die Reise auf dem Floß ebenfalls fortsetzen«, verkündete er. »Euch anderen sage ich vielen Dank. Ihr wart tolle Weggefährten. Ich habe viel von euch gelernt.« Mit diesen Worten tippelte er zu Elmar, biss ein halb verkohltes Blatt von einem Zweig und trug es davon.

Als er zurückkehrte, um ein weiteres Blatt abzutransportieren, sah er, dass inzwischen auch der Affe die Seiten gewechselt hatte. »Wäre doch eigentlich zu schade, ein angefangenes Abenteuer vorzeitig abzubrechen«, sagte er achselzuckend, während er seine Seilwindenkonstruktion vom Floß holte. »Ich denke, damit sollte es leichter gehen.«

Danach entschied auch die Leopardin sich um.

»Vier zu zwei Stimmen«, flüsterte Herr S.C.H. King Edward zu, der mit zusammengepresstem Schnabel neben ihm saß. »Nur diesmal ist die Mehrheit leider gegen uns.«

»Ich habe vorhin auf einheitliches Vorgehen gepocht«, murmelte der Adler. »Das Wort eines Monarchen ist bindend. Ich fürchte, auch wir müssen diese Floßfahrt zu Ende bringen.«

Die Aufräumarbeiten dauerten trotz Seilwinde und der tatkräftigen Zusammenarbeit aller mehrere Stunden. Danach lag das Floß frei. Es stellte sich heraus, dass lediglich das Dach ernsthaft beschädigt worden war. Da heute die Sonne schien, wurde es zusammen mit dem Tragegerüst wieder am Heck verstaut.

An diesem wundervollen Tag verlief die Reise ohne Zwischenfälle, und sie kamen ein gutes Stück voran. Am Abend war die Auseinandersetzung, die sie beinahe entzweit hatte, längst vergessen.

Bevor Anton sich schlafen legte, nahm er wie üblich sein Palmblatt zur Hand und ließ den vergangenen Tag noch einmal vor seinem geistigen Auge vorbeiziehen.

Ja, dachte er. Es gibt so viel, wovor man sich im Leben fürchten kann. Aber macht man sich nicht oft zu viele Sorgen?

Heute schrieb er alles auf, was Elmar ihn gelehrt hatte:

Gib nicht vorschnell auf, wenn ein Baum in
deinen Fluss gestürzt ist!
Werde dir bewusst, wie groß die Gefahren des Dschungels
wirklich sind!
Begegne dem Leben wie ein Elefant:
Habe Selbstvertrauen und Durchhaltevermögen!

Der sechste Tag

»Ich bin stolz auf euch!«, eröffnete Minerva den morgendlichen Rückblick. »Ihr hattet gestern eine schwere Entscheidung zu treffen, die euch beinahe gespalten hat, nämlich, ob ihr umkehren oder ob ihr weiterfahren und den Gefahren des Dschungels trotzen wollt. Ich weiß, dass euch diese Frage schon seit dem ersten Tag beschäftigt, aber derart kontrovers habt ihr noch nie darüber diskutiert. Und nach einigem Hin und Her habt ihr eine gemeinsame Entscheidung getroffen, auch wenn das nicht jedem leicht gefallen ist. Umso stärker ist euer Zusammenhalt einzuschätzen. Mein Kompliment! Ich glaube nicht, dass wir auf weitere Unwägbarkeiten stoßen wie auf umstürzende Bäume. Deshalb bin ich überzeugt, dass wir unser Ziel, die beiden sich kreuzenden Palmen, morgen Vormittag erreichen.«

Diese Ankündigung löste allgemeines Gejubel aus, denn jeder hatte befürchtet, dass es wegen des Blitzeinschlags zu Verzögerungen gekommen war. Der Elefant trompetete lautstark ein Lied in den Himmel. Er wurde vom Krächzen des Adlers begleitet, der einen weiteren Grund zur Freude hatte: Er hatte festgestellt, dass er wieder fliegen konnte. Der Affe kreischte, die Leopardin schnurrte und die Schildkröte vollführte trotz ihres Alters einen Freudentanz.

Anton sah dem bunten Treiben amüsiert zu. Eigentlich fand er die Darbietung ziemlich schauerlich, aber er war ebenso froh wie seine Freunde, dass sie im Zeitplan lagen. Er fühlte sich durch und durch glücklich, dass sie nicht aufgegeben hatten. Außerdem war er zuversichtlich, dass sie auch noch den Rest der Strecke erfolgreich hinter sich bringen würden. Das Einzige, was seine Freude trübte, war die Aussicht, noch bis zum morgigen Abend darauf warten zu müssen, seine geliebte Amelie in die Arme zu schließen.

Ja, in ihm vereinten sich viele unterschiedliche Gefühle, aber alles in allem war er sehr zufrieden.

Letztlich steckte die Ausgelassenheit der anderen auch ihn an, und er ergänzte das musikalische Durcheinander, indem er mit seinen Fühlern den Takt trommelte.

»Ich habe selten eine schlechtere Tanzband erlebt als uns«, meinte Lea später. »Aber ich hatte auch selten so viel Spaß wie heute.«

Das allgemeine Stimmungshoch drohte zu kippen, als sie an eine Stelle kamen, an der sich der Fluss in zwei etwa gleich breite Arme gabelte. Beide Flussläufe verschwanden in einiger Entfernung irgendwo im Dschungel. Es war nicht abzusehen, welchen Weg sie einschlagen sollten, um zu den gekreuzten Palmen zu gelangen.

Was lag also näher, als Minerva zu fragen?

»Schluss mit den albernen Spielereien«, mahnte King Edward. »Wir alle wollen pünktlich am Ziel sein. Selbst wenn wir morgen Vormittag ankommen, müssen wir erst noch den Rückweg zum Ausgangspunkt unserer Reise zurücklegen. Diejenigen, die nicht ganz so schnell zu Fuß sind wie unsere gute Lea, werden zudem einige Zeit benötigen, bis sie zu Hause sind. Also warum verrätst du uns nicht einfach, ob wir den linken oder den rechten Weg einschlagen sollen?«

Doch Minerva schmunzelte nur und schwieg sich darüber gründlich aus.

Der Adler rümpfte verächtlich den Schnabel und krächzte: »Du und deine Psychotricks!« Danach sagte er zu den anderen: »Tja, Freunde, ich schätze, wir sind auf uns allein gestellt.«

Da sie sich nicht einigen konnten, ließen sie den Zufall entscheiden und spielten »Ameisenraten«: Anton musste sich hinter einem von Elmars Ohren verstecken, während alle anderen sich die Augen zuhielten. Danach wählten sie King Edward zu ihrem Ratekönig, der sich für Elmars linkes Ohr entschied. Da Anton sich dahinter befand, war nunmehr klar, dass sie auch den linken Flusslauf nehmen würden. So hatten sie es zuvor ausgemacht.

Der Kurs führte sie zunächst gen Süden, wie ihnen die Sonne verriet. Aber da der Fluss sich wie eine Schlange durch den Urwald wand, konnte bald niemand mehr sagen, in welche Richtung die Reise wirklich ging.

Nach einigen Biegungen versiegte der Fluss plötzlich in einer Sandbank. Danach kam nur noch Dschungel. Falls der Fluss irgendwann einmal irgendwohin geführt hatte, war das schon viele Jahre her.

»Sackgasse!«, stellte Herr S.C.H. nüchtern fest.

Zum ersten Mal kamen nun die Ruder zum Einsatz, die sie benötigten, um gegen die leichte Strömung anzukommen. Niemand verlor ein Wort, bis sie wieder an der Flussgabelung anlangten.

Nachdem sie wieder auf dem richtigen Weg waren, dauerte es jedoch nicht lange, bis sich die Stimmung auf dem Floß erholte. Die Strömung brachte sie zügig ihrem Ziel entgegen, und die Sonne strahlte von einem makellos blauen Himmel herab. Der Abstecher ins Niemandsland war schon beinahe vergessen.

Die Erste, die die Veränderung bemerkte, war die wetterfühlige Leopardin. Sie saß am Bug des Floßes, blickte in Fahrtrichtung geradeaus und murmelte vor sich hin: »Es wird Nebel geben.«

Tatsächlich tauchten schon bald die ersten Dampfschwaden auf. Sie zogen anfangs als dünne Wolkenfetzen an ihnen vorbei, verdichteten sich jedoch rasch zu einer milchig-trüben Suppe, die wie ein schwereloser Teppich auf dem Wasser lag.

»Ich kann kaum noch meine Rüsselspitze sehen«, maulte der Elefant. Er hatte ein wenig übertrieben, denn Anton konnte die beiden Flussufer zumindest noch als Schemen erkennen. Mehr aber auch nicht. Das farbenprächtige Paradies bestand jetzt nur noch aus unheimlichen, gespenstisch-grauen Schattierungen.

Selbst King Edward nutzten seine scharfen Augen in dieser Umgebung nichts. »Wenigstens können wir nicht vom Weg abkommen«, krächzte er.

Der Affe reimte dazu: »Ob's regnet oder nebelt häufig – der Fluss führt uns zum Ziel zwangsläufig.«

»Dennoch sollten wir die Augen offen halten«, sagte die Leopardin. »Wenn ich mich nicht täusche, haben wir es nur mit Bodennebel zu tun.« Mit diesen Worten sprang sie auf Elmars breiten Rücken.

»Und?«, fragte Herr S.C.H. »Kannst du von dort oben besser sehen?«

»Viel besser!«, erwiderte die Leopardin, die gerade groß genug war, dass ihr Kopf aus dem Nebelteppich hervorlugte, wenn sie sich auf die Hinterbeine stellte. Dann fügte sie hinzu: »Au Backe, ich schätze, wir kriegen ein Problem.«

Da der Nebel nun noch einen Tick höher wurde, musste Lea sich auf die Zehenspitzen stellen, um weiterhin etwas sehen zu können – ein Fehler, wie sich schnell herausstellte.

»Hey, das kitzelt!«, trompetete Elmar. »Nicht mit den Krallen! Hörst du? …« Dann konnte er sich nicht mehr beherrschen. Er kicherte und schüttelte sich. Beinahe im selben Moment krachte Lea kopfüber aufs Floß.

Zähneknirschend rappelte sie sich auf. Ihr war unschwer anzusehen, dass sie wütend war.

»Vorne oder hinten?«, knurrte sie Elmar an.

»Vorne oder hinten? Was meinst du damit?«

»Ich meine damit: Soll ich dir in den Rüssel oder in deinen Allerwertesten beißen?« Lea wollte schon ihr Maul aufreißen, als der Adler dazwischenging.

»Wenn wir den Nebel hinter uns gelassen haben, könnt ihr euch kitzeln und beißen so viel ihr wollt!«, schalt er. »Jetzt verrate uns lieber, was du da oben gesehen hast, Lea. Von welchem Problem hast du gesprochen?«

»Der Fluss gabelt sich erneut.«

»O nein, nicht schon wieder!«, murrte Herr S.C.H. »Wenn wir noch einmal den falschen Seitenarm wählen, kann uns das wieder ein paar Stunden kosten.«

»Ich fürchte, wesentlich mehr als das«, unkte die Leopardin und verzog düster das Gesicht. »Dort vorne teilt der Fluss sich in sechs Abzweigungen.«

»Das so genannte Nebeldelta«, sagte Minerva. »Die sechs Hauptadern des Flusses bilden bald ein Geflecht aus vielen, vielen Seitenarmen. Einige versiegen, einige treffen zusammen und bilden dann größere Ströme. Manche Flussläufe sollen sich gar zu regelrechten Sumpflandschaften entwickeln. Kein Tier weiß, warum, aber auf den Flussläufen dieses Deltas liegt seit Urzeiten ein dichter Nebelschleier. Er reicht nicht bis zu den Baumkronen hinauf, aber immerhin wird er bald so hoch sein, dass ihr nicht darüber hinwegsehen könnt, selbst wenn ihr euch aufeinander stellen und eine Tierpyramide bauen würdet. Mit anderen Worten: In dieser Gegend kann man sich ziemlich leicht verirren.«

»Und du hast uns absichtlich hierher geführt?« Der Adler konnte es kaum fassen.

»Warum wollte ich Trottel gestern unbedingt weiterfahren?«, jammerte der Elefant. »Wenn ich verhungere, werde ich keine Werbung für dein Seminar machen, Minerva!«

»Niemand wird verhungern«, erwiderte die Eule. Verschmitzt fügte sie hinzu: »Vielleicht müssen wir uns nicht einmal verirren.«

»Ach, und wie soll das vonstatten gehen, du altrömische Göttin den Weisheit?«, fragte Herr S.C.H. mit einer ordentlichen Portion Ironie in der Stimme. »Eine Flussgabelung in zwei Arme und bei schönem Wetter ist okay. Nebel ohne eine Flussgabelung ist auch okay. Aber Nebel und eine Flussgabelung in sechs Seitenarme – das ist einfach zu viel für mich.«

»Wir können nicht einmal Ameisenraten spielen, um uns auf einen Weg festzulegen!«, sagte King Edward. »Dazu bräuchte Elmar ja sechs Ohren.«

Noch während Anton darüber nach-**Wenn man nicht weiß,** dachte, was an dieser Logik nicht stimmte, **wohin man will, ist** meinte Minerva: »Ein kluges Tier hat ein-**jeder Weg der richtige.** mal gesagt: Wenn man nicht weiß, wohin man will, ist jeder Weg der richtige.«

»Falls du uns damit einen Wink geben willst, habe ich ihn nicht verstanden«, warf Lea ein.

Minerva kratzte sich mit einer Flügelspitze am Schnabel und sagte: »Was ich andeuten wollte, ist Folgendes: Würdet ihr kein bestimmtes Ziel vor Augen haben, könntet ihr einfach drauflosfahren, denn es wäre egal, wo ihr ankommt. Wollt ihr das?«

»Natürlich nicht«, eiferte sich der Affe. »Wie sollten wir je wieder nach Hause finden?«

»Aha. Drehen wir den Spruch einmal um. Was kommt dann heraus?«

Nach kurzem Überlegen meinte Anton:»Wenn man *weiß*, wohin man will, ist *nicht* jeder Weg der richtige.«

»Danke, mein Sohn«, sagte Minerva. Irgendwie hörte sich»mein Sohn« viel besser an als»Kleiner«, »Zwerg« oder»Winzling«. Es klang viel eher wie ein Lob.

Minerva sah in die Runde und führte ihren Gedanken zu Ende:»Wenn ihr also ein konkretes Ziel anstrebt und nicht jeder Weg der richtige ist – ist Ameisenraten dann wohl die beste Form der Entscheidungsfindung?«

»Du meinst, selbst wenn Elmar sechs Ohren hätte?«, fragte der Adler skeptisch.

»Ja.«

King Edward dachte eine Weile angestrengt nach, wie es schien. Dann gab er zu:»Du hast Recht. Natürlich war es heute morgen töricht von uns, eine Entscheidung durch Ameisenraten zu fällen. Wir haben dadurch den Zufall über unser Schicksal entscheiden lassen – und prompt den falschen Weg eingeschlagen. Bei sechs Alternativen ist es sogar noch viel unwahrscheinlicher, dass der Zufall uns zum Ziel führt. Verflixt und zugenäht, dass mir das nicht früher aufgefallen ist!«

»Was hätten wir tun können, um den richtigen Weg zu erkennen?«, wollte Anton wissen.

»Beide Flussarme sahen gleich aus. Wie hätten wir herausfinden können, dass der linke Arm versandet?«

»Auf dieselbe Art, wie wir dieses Delta durchqueren werden!«, entgegnete King Edward. »Wir dürfen nur unser Ziel nicht aus den Augen verlieren! Das ist das ganze Geheimnis!« Mit diesen Worten breitete er seine Flü- **Verliere nie dein Ziel aus den Augen!** gel aus, hüpfte in die Höhe, um zu prüfen, ob er wieder flugtauglich war, und flatterte schließlich davon. Danach war es eine halbe Ewigkeit lang mucksmäuschenstill. Niemand sagte etwas, auch von King Edward war kein Laut mehr zu vernehmen. Es war, als habe der Nebel ihn einfach verschluckt.

Urplötzlich ertönte jedoch ein wahrhaft königlicher Adlerschrei, und aus der Luft erklang eine Stimme: »Ich kenne den Weg!« Dann – ebenso plötzlich – wurde aus dem triumphierenden Schrei ein erschrecktes Krächzen, als King Edward erkannte, dass er seinen Sturzflug nicht mehr rechtzeitig abbremsen konnte. Eine Sekunde später platschte er dicht neben dem Floß ins Wasser.

»Dass mir keiner ein Wort darüber verliert!«, raunzte er, als er sich wieder an Bord befand.

»Wo denkst du hin?«, beschwichtigte ihn die Schildkröte. »Sag uns lieber, welchen Flussarm wir nehmen müssen.«

»Den dritten von links«, sagte der Adler.

»Und woher weißt du das so genau?«

»Weil ich in den Himmel geflogen bin. Der Nebel ist nur wenige Meter hoch. Von oben sieht man ihn nur über dem Wasser. An Land wird er von den Baumkronen verschluckt. So war es leicht für mich, die sechs Hauptläufe des Flusses zu erkennen. Sie führen fächerartig in verschiedene Richtungen. Ich flog noch ein Stück höher, kreiste über dem Delta und erspähte in der Ferne schließlich unser Ziel. Der dritte Fluss von links wird uns dorthin führen.«

»Das nenne ich Weitblick!«, posaunte Elmar. »Ich hätte auch wirklich nicht gewusst, wie ich mir vier weitere Ohren hätte zulegen können.«

Die Fahrt durch das Delta erforderte viel Geduld. Mehr als einmal trafen sie auf Seitenarme, die King Edward aus der Luft auskundschaften musste. Aber sie fanden den richtigen Weg, ohne sich zu verfahren. Als sie am späten Nachmittag die Nebelwand durchstießen und wieder die Wärme der Sonne zu spüren bekamen, wussten sie, dass die beiden sich kreuzenden Palmen nun nicht mehr weit waren.

Später sprachen sie über die Erkenntnisse des heutigen Tages. King Edward erzählte dabei von seinem Leben, das er außerhalb des Seminars führte. Minerva forderte ihn dazu auf, auch über seine Stärke zu sprechen.

»Es ist hauptsächlich meine Aufgabe, majestätische Kreise am Himmel zu ziehen. Als König der Lüfte erwartet man das von mir. Mein Ziel ist es, darin perfekt zu werden, denn ich will meinen Titel zu Recht tragen. Das ist nicht immer leicht. Manchmal bin ich so in die Futtersuche oder in die Aufzucht meiner jungen Prinzen und Prinzessinnen vertieft, dass ich mein Ziel vergesse. Aber nur kurzfristig, denn wenn ich wieder hoch oben in den Wolken schwebe, sicht die Welt ganz klein aus. Dann sind meine Sorgen weit, weit weg, und ich erinnere mich, wofür ich lebe. Für meine Flugkunst.

Meine Stärke ist, dieses Ziel nie aus den Augen zu verlieren.« Und augenzwinkernd fügte er hinzu: »Zumindest nicht für lange.«

Abends legten sie am Ufer an. Der Affe entzündete ein kleines Feuer – ein Trick, den er von den Menschen abgeschaut hatte, wie er erzählte. Nicht von den hellhäutigen Besuchern des Nationalparks, sondern von den Eingeborenen, die unweit der Affenkolonie lebten.

So saßen die Tiere bis spät in die Nacht um die Flammen herum und erzählten sich voller Melancholie von den Abenteuern, die sie in der letzten Woche erlebt hatten. Anton spürte, dass er nicht der Einzige war, der dem morgigen Tag mit gemischten Gefühlen entgegensah.

Mit Freude, weil er endlich wieder Amelie an sich drücken konnte.

Mit Erleichterung, weil er viele Gefahren überstanden hatte.

Und mit Trauer, weil eine wundervolle Zeit sich dem Ende zu neigte.

Hinzu kam das mulmige Gefühl vor einem Geständnis, denn er hatte als Einziger noch nicht über seine Stärke gesprochen. Morgen würde es soweit sein, daran hatte er keinen Zweifel. Morgen musste er sich und den anderen beichten, dass er über keinerlei nennenswerte Stärke verfügte. Ein beschämender Abschluss für ein denkwürdiges Seminar.

Schweren Herzens ließ er diese Gedanken fallen und zog sich zurück. Einen Moment lang zögerte er, sein Palmblatt herauszuziehen, das inzwischen beinahe voll geschrieben war. Doch dann wurde ihm klar, wie dumm das gewesen wäre. Vom ersten Tag an hatte er beschlossen, möglichst viel von den anderen zu lernen. Das hatte er bereits seit Tagen mit ruhigem Gewissen getan. Heute würde er nicht damit aufhören.

»Welche Lektion habe ich gelernt?«, murmelte er leise vor sich hin. »Ach ja!«

Auf sein Palmblatt kritzelte er:

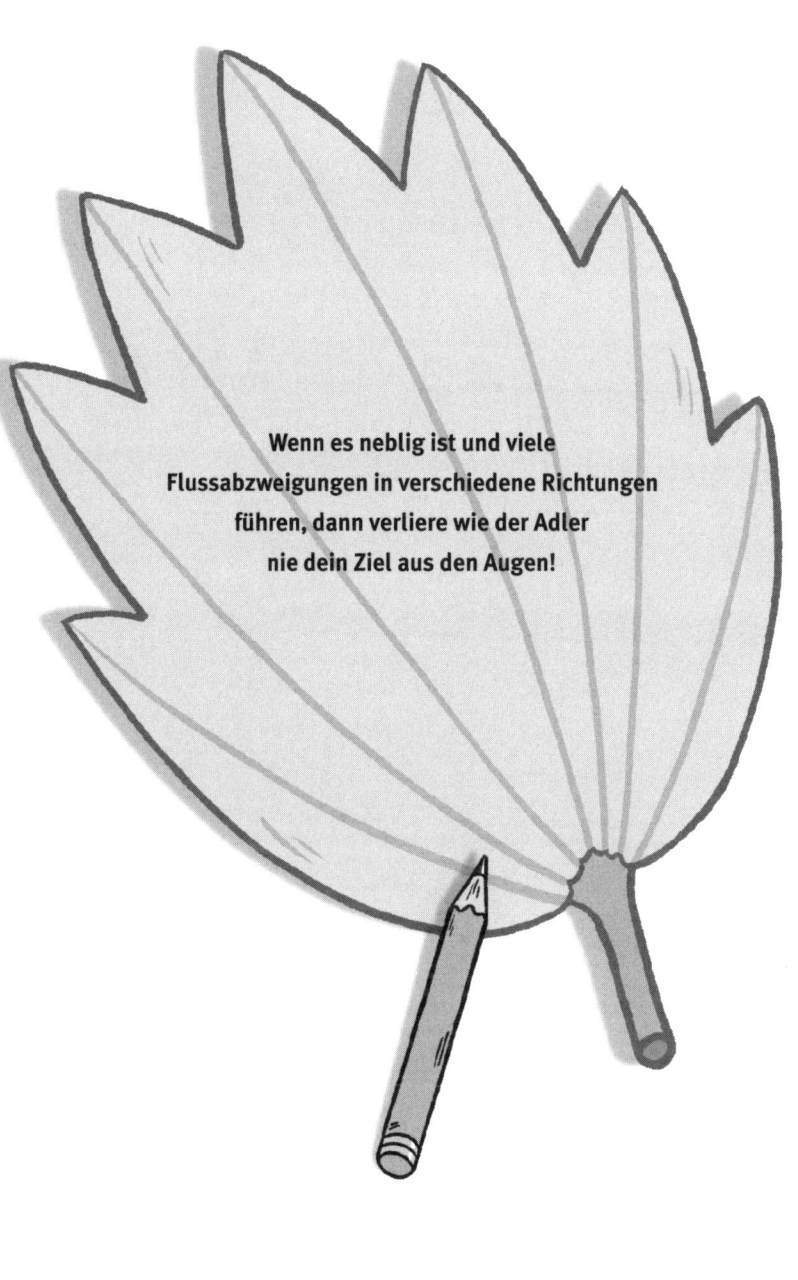

Wenn es neblig ist und viele
Flussabzweigungen in verschiedene Richtungen
führen, dann verliere wie der Adler
nie dein Ziel aus den Augen!

Der siebte Tag

 Was Anton am meisten befürchtete, trat an diesem Sonntag tatsächlich ein: Es kam zur Sprache, durch welche herausragende Eigenschaft er sich auszeichnete. Den ganzen Morgen lang quälte ihn die Frage, welche Situation Minerva sich für ihn ausgedacht hatte, denn bisher waren die Abenteuer stets auf die individuelle Stärke jeweils eines Tieres ausgerichtet gewesen. Die Sandbank, der Wasserfall, der umstürzende Baum, das Nebeldelta – all diese Zwischenfälle hatten ihre ganz besonderen Charakteristika, darauf abgestimmt, die Fähigkeiten der Gruppenmitglieder herauszukristallisieren.

Aber welche Situation wartete auf Anton, wo er doch, wie er glaubte, gar keine Stärke hatte? Ein Schmarotzer war er, der sich von den anderen etwas abschauen wollte, mehr nicht. Gleichgültig, was Minerva sich für ihn ausgedacht hatte, Anton fühlte sich schon jetzt hoffnungslos überfordert.

Andererseits: Wie konnte Minerva Antons starke Seite kennen, wenn nicht einmal Anton selbst das tat? So sehr er sich auch die Ganglien zermarterte, er fand darauf keine Antwort. Ihm blieb nichts anderes übrig, als sich seinem Schicksal zu fügen und abzuwarten, was geschehen würde. Und darauf zu hoffen, dass er die anderen nicht allzu sehr enttäuschte.

Anton war derart in seine tristen Gedanken vertieft, dass er gar nicht bemerkte, wie die Umgebung sich veränderte. In den letzten Tagen waren die Ufer flach gewesen. Nun begannen sie sich aufzutürmen, bis sie zu beiden Seiten des Flusses hoch aufragten, viel höher noch als der Wasserfall am Mittwoch. Es sah aus, als habe der Fluss sich über Jahrmillionen hinweg eine tiefe Schneise in einen dicht bewaldeten Berg geschnitten.

Anton wurde sich dieses Anblicks erst bewusst, als der Adler plötzlich aufgeregt rief:»Das Ziel! Ich sehe unser Ziel! Wir sind gleich da!«

Tatsächlich! Da waren sie, die beiden Palmen! Ein wahrhaft beeindruckendes Bild. Von den beiden steilen Flussufern aus wuchsen sie windschief in den Himmel, sodass ihre Stämme sich hoch über dem Wasser kreuzten. Ein natürlich gewachsenes X, das das Ende ihrer Reise markierte, ganz wie Minerva es angekündigt hatte.

Wenig später legten sie an. Als alle an Land waren, sagte die Eule:»Wir sind beinahe am Ende unserer Reise angelangt. Alles, was uns noch zu tun bleibt, ist, zu unserem Ausgangspunkt zurückzukehren. Folgt mir!«

Mit diesen Worten machte sie sich daran, einen schmalen, ausgetretenen Fußweg durch den Urwald einzuschlagen. Elmar, Alfons, King Edward, Lea und Anton trotteten hinter ihr her.

Nur Herr S.C.H. blieb zurück.»Du willst uns *zu Fuß* zurückgehen lassen?« Er schnappte erbost nach

Luft. »Nach sieben Tagen willst du zurückwan-
dern? Das war gegen die Abmachung! Du hast uns
versprochen, dass du für den Rückweg gesorgt hast.
Das hast du am ersten Tag gesagt!«
    »Keine Sorge«, sagte Minerva. »Unser Marsch
wird nicht lange dauern. Wir müssen lediglich den
Hang hinauf.«
    »Und dort oben wartet dann ein Riesenalbatros
auf uns, der uns zurückfliegt?«
    Minerva seufzte. »Wart's einfach ab und komm
mit. Ein bisschen Bewegung hat noch niemandem
geschadet.«
    Wiederwillig folgte Herr S.C.H. den anderen.
»Wenn dort oben kein Riesenalbatros auf uns war-
tet, werde ich aber sauer!«, murmelte er immer wieder vor sich hin.

Obwohl Minerva keinen Riesenalbatros organisiert
hatte, wurde die Schildkröte nicht sauer. Denn zum
großen Erstaunen aller befand sich ihr Ausgangspunkt direkt auf der Anhöhe. Die kleine Waldlich-
tung, die in einem Halbkreis angeordneten Baumstümpfe, der etwas höhere Baumstumpf des
Seminarleiters in der Mitte – alles war da.
    »Wie kann das sein?«, fragte King Edward. »Wir
fahren seit einer Woche flussabwärts – und kommen an derselben Stelle an, von der aus wir aufge-
brochen sind?«
    Minerva lächelte. »Ich weiß, ich weiß«, sagte sie.
»Es ist kaum zu glauben. Aber im Grunde dreht der
Fluss eine Schleife.Durch die vielen Biegungen verliert man lediglich die Orientierung. Man denkt,

man entfernt sich immer weiter vom Ursprungsort, doch das ist nicht der Fall.«

Lea, King Edward und Herr S.C.H. hatten **Achte darauf,** es eilig, sich auf den Heimweg zu begeben. **bei Biegungen** Sie wollten sich bereits von Minerva ver- **nicht die Orientierung** abschieden, als diese noch einmal alle auf- **zu verlieren.** forderte, auf den Baumstümpfen Platz zu nehmen. Anton, der schon beinahe aufge- atmet hatte, ahnte, was jetzt kam. Ihm wurde ganz schlecht.

»Zu Beginn unseres Seminars hat jeder von euch sich darüber bewusst werden sollen, welche Fähigkeit ihn am meisten auszeichnet«, begann die Eule. »Es ist wichtig, sich selbst zu kennen – zu wissen, welche Stärken man hat beziehungsweise wo man noch an sich arbeiten muss. Schon die weise Eule

Sokrates sagte: Selbsterkenntnis ist die **Erkenne deine Stärken** Bedingung praktischer Ertüchtigung. **und Schwächen, denn:** Anders ausgedrückt: Selbsterkenntnis ist **Selbsterkenntnis** der erste Schritt zur Besserung. In den **ist der erste Schritt** letzten Tagen hat jeder von euch seine **zur Besserung.** besondere Fähigkeit darstellen können. Das heißt – *fast* jeder. Einer fehlt noch. Anton, möchtest du uns nicht verraten, wodurch du dich von uns anderen abhebst?«

Anton wollte schlucken, brachte aber nicht genügend Spucke zusammen. Jetzt war also der Moment der Wahrheit gekommen. Mit niedergeschlagenem Blick beichtete er:»Ich ... ich fürchte, ich muss euch etwas gestehen. Ich habe keine Stärke, nicht die geringste. Ich wünschte, ich hätte eine, aber das ist nicht der Fall. Seit dem ersten Tag habe ich darüber nachgedacht, was ich sagen soll, wenn du, Minerva, mich darauf ansprichst. Mir ist nichts eingefallen. Und wenn ich innerhalb von sieben Tagen keine einzige Stärke an mir entdecken kann, dann ist es wohl aussichtslos, weiter danach zu suchen. Ich weiß, ich hätte es euch von Anfang an sagen müssen, aber ich dachte, ich kann von euch lernen. Ich schäme mich zuzugeben, dass ich die ganze Zeit nichts anderes getan habe, als euch zu beobachten, weil ich dachte, ich könnte ein klein wenig so werden wir ihr. Ich habe euch ausgenutzt. Es tut mir Leid.« Er machte eine Pause, wagte aber noch immer nicht, den Blick vom Boden zu erheben. »Ich kann verstehen, dass ihr jetzt böse auf mich seid. Aber eines will ich euch dennoch sagen: Die Reise mit euch hat mir sehr gefallen, und mit solchen Gefährten würde ich sie jederzeit wiederholen.«

Eine halbe Ewigkeit lang sagte niemand ein Wort – zumindest kam es der kleinen Ameise so vor. Endlich durchbrach Minerva das Schweigen. »Ich wüsste nicht, weshalb dir irgendetwas Leid tun sollte, mein Sohn. Du musst dich nicht schämen. Ich beobachte dich seit dem ersten Tag, und ich sage dir: Auch wenn du es selbst nicht glaubst – ich sehe eine ganz besondere Eigenschaft in dir. Eine große Stärke, derer du dir offenbar gar nicht bewusst bist.«

»Ich? ... Eine Stärke?«, stammelte Anton.

»Natürlich«, bekräftigte Minerva. »Du hast sie uns sogar bereits verraten!«

»Hat er?«, raunte King Edward der Leopardin zu.

»Du sagtest«, fuhr Minerva fort, »du hast die anderen beobachtet, weil du dachtest, du könntest ein klein wenig so werden wie sie. Aber auch wenn es dir so vorkam, als würdest du sie ausnutzen, so hast du doch nichts anderes getan, als versucht, von ihnen zu lernen. Und war nicht genau das das Ziel dieses Seminars? Voneinander zu lernen, um von den Fähigkeiten der anderen zu profitieren? Du solltest dich also ganz gewiss nicht schämen! Die Bereitschaft, etwas zu lernen und sich weiterzuentwickeln, ist eine Stärke, die du nicht unterschätzen solltest. Sie ist die Basis für alles andere.«

Anton fiel eine Zentnerlast vom Herzen. Nicht nur, dass die anderen nicht böse auf ihn waren, nein, darüber hinaus hatte er auch noch eine Stärke! Unglaublich!

Minerva ergriff noch einmal das Wort. »Bevor ich mich von euch verabschiede«, sagte sie, »lasst mich versuchen, ein Resümee aus der vergangenen Woche zu ziehen. Eine Zusammenfassung. Wie ich bereits am ersten Tag sagte, sollte unser Seminar mehr sein als ein gewöhnliches Outdoortraining. Der Fluss, auf dem wir uns fortbewegten, stand **Die Bereitschaft,** als Sinnbild für das Leben – beruflich oder **zu lernen und sich** auch privat – mit vielen Kurven und Wen- **weiterzuentwickeln,** dungen. Meistens ist der Fluss berechen- **ist eine nicht zu** bar, manchmal geschehen aber auch un- **unterschätzende** vorhergesehene Dinge. Und nicht selten **Stärke.** scheint uns der Fluss durch einen wahrhaft verworrenen Dschungel zu führen, undurchsichtig und voller Gefahren. Zum Glück sind diese Gefahren bei genauer Betrachtung oft weit weniger gefährlich, als man zunächst annahm. Aber selbst in bedrohlichen Situationen geht es immer irgendwie weiter, denn alles ist im Fluss. Und auch wenn unser Flusslauf mit all seinen Hindernissen fest vorgegeben scheint, kann man doch immer wieder aktiv darauf einwirken, wie die Reise weitergeht. Gelegentlich kommt man an Flussgabelungen oder Deltas, an denen man die Wahl zwischen verschiedenen Wegen hat. Wichtig ist zu wissen, wohin man möchte und wie man den **Nur wer aus** unterschiedlichen Hindernissen im Fluss **Erfahrungen lernt,** begegnen kann. Für jede Situation gibt es **wird sich im** eine geeignete Handlungsweise. Wer in den **Dschungel des Lebens** vergangenen Tagen gut aufgepasst hat, dem **zurechtfinden.** wird es in Zukunft besser gelingen, sich im Dschungel des Lebens zurechtzufinden. Aber nur unter einer Bedingung…« Sie hielt einen Moment inne, bis sie die volle Aufmerksamkeit aller hatte, dann sagte sie:»Diese Bedingung ist, dass ihr das Gelernte auch in die Tat umsetzt!«

Ein aufgebrachtes Raunen ging durch die Gruppe.

»Das weiß doch jedes Kind!«, schnarrte Herr S.C.H. unbeholfen

King Edward krächzte:»Das ist ja wohl so selbstverständlich, dass man nicht noch extra darüber reden muss!«

Minerva kratzte sich nachdenklich am Kopf. »Ich wünschte, ihr hättet Recht«, sagte sie. »Früher dachte ich wie ihr. Inzwischen habe ich meine Meinung geändert. Wie viele Seminare habe ich als junge Eule besucht, und wie wenig habe ich von dem Gelernten umgesetzt!«

»Vielleicht haben die Tipps in diesen Seminaren nichts getaugt!«, warf Lea ein.

»Nein, daran lag es nicht«, hielt Minerva dagegen. »Es gab viele hervorragende Anregungen, die ich nicht einmal versucht habe, praktisch anzuwenden. Glaubt mir eines: Unser größter Feind heißt Routine.«

Routine ist ein gefährlicher Feind.

»Routine?«, wiederholte der Affe.

»Ja. Ihr alle – wir alle – sind Gewohnheitstiere. Wir ändern uns nicht so mir nichts dir nichts von heute auf morgen, selbst wenn wir es wollen. Möglich, dass wir ein oder zwei Versuche unternehmen, aber normalerweise fallen wir schon nach kurzer Zeit wieder in unseren gewohnten Tagesablauf zurück. Das ist bequemer, denn wir müssen unseren inneren Schweinehund nicht überwinden.«

»Was ist ein Schweinehund?«, fragte King Edward, der glaubte, einen seiner Untertanen nicht zu kennen.

»Die Hemmschwelle, mit unseren alten Gewohnheiten zu brechen und Neues auszuprobieren«, erklärte Minerva. »Es ist bequemer, sich in seinen Trott zurückfallen zu lassen, als immer wieder an sich zu arbeiten und immer wieder neue Methoden zu üben. Ganz abgesehen davon, dass eure Umwelt es euch ebenfalls nicht sofort danken wird, wenn ihr euch verändert. Was werden eure Partner, Kinder, Vorgesetzten oder Mitarbeiter sagen, wenn ihr plötzlich anders reagiert als noch vor einer Woche? Ihr seht, selbst wenn ihr im

Wer andere besiegt, ist stark, doch wer sich selbst besiegt, ist mächtig.

Augenblick noch so motiviert seid – spätestens morgen werdet ihr alle Kraft aufbringen müssen, wenn ihr euch weiterentwickeln wollt. Vor ein paar Tagen zitierte ich bereits Laotse. Diese Eule erkannte auch: Wer andere besiegt, ist stark, doch wer sich selbst besiegt, ist mächtig. Hier- **Es liegt allein an** zu ein Ratschlag: Notiert euch auf einem **einem selbst, sein** Stück Palmblatt, was ihr ab morgen anders **Leben zu ändern.** machen wollt – am besten jetzt gleich. Legt dieses Palmblatt an einen Ort, an dem ihr es jeden Tag seht. Nehmt euch nicht zu viel auf einmal vor. Kontrolliert euch regelmäßig selbst oder bildet Lernpartnerschaften. Erst wenn ihr eure neue Verhaltensweise verinnerlicht habt, nehmt euch etwas Neues vor. Und übt, übt, übt! Es liegt allein an euch, etwas in eurem Leben zu verändern. Ich wünsche euch dabei viel Erfolg!«

Die Tiere standen noch eine ganze Weile beisammen, bevor sie sich schweren Herzens voneinander verabschiedeten. In den vergangenen sieben Tagen war aus dem bunt zusammengewürfelten Teilnehmerkreis ein echtes Team geworden. Sie hatten allerhand erlebt. Die vielen Hindernisse und selbst die kontroversen Diskussionen hatten sie zusammengeschweißt. Anton hatte nicht nur die Angst vor Elmar, Alfons, King Edward, Lea, Herrn S.C.H. und Minerva verloren, nein, er hatte in ihnen sogar Freunde gefunden. Der Abschied schmerzte ihn wie alle anderen.

Nach und nach löste sich die Gruppe auf. Selbst diejenigen, die anfangs skeptisch gegenüber diesem

Seminar gewesen waren, gingen nachdenklich nach Hause. Schließlich war nur noch Anton auf der Lichtung. Er sah in den Himmel und stellte fest, dass es erst kurz nach Mittag war. Noch heute Abend würde er seine Amelie wiedersehen, und er zweifelte nicht daran, dass sie Verständnis dafür aufbringen würde, wenn er ab morgen ein paar neue Dinge ausprobieren würde. Auch bei der Arbeit wollte er einiges verändern. Vielleicht würden sein Chef und seine Kollegen ihn für verrückt erklären, aber vielleicht konnte Anton sie auch von seinen neuen Methoden überzeugen. Auf alle Fälle wollte er es darauf ankommen lassen. Er freute sich geradezu, ein wenig aus seiner Ameisenroutine auszubrechen. Er wollte nicht alles revolutionieren, nein, das war gewiss nicht seine Absicht. Er wollte es einfach besser machen als bisher.

Als er seinen Rucksack schnürte, fiel ihm das Palmblatt in die Hände, das er allabendlich beschrieben hatte. Bevor er aufbrach, wollte er noch einmal sehen, welche Lektionen er gelernt hatte:

Alles ist im Fluss –
und ich bin mittendrin.
Es ist allein meine Entscheidung, ob ich am Ufer
anlegen oder mich fortbewegen will.

Läufst du auf einer Sandbank auf,
sei kreativ und probiere Neues aus –
auch gegen den Widerstand der anderen.
Habe keine Angst vor Fehlern, sondern lerne aus ihnen.
Habe den Mut, dich zum Affen zu machen.

Erwartest du einen Wasserfall, sammle Informationen,
werte sie aus, suche nach Lösungen und wähle die beste
davon. Danach führe deinen Plan aus und kontrolliere
regelmäßig den Erfolg.
Plane dein Vorgehen wie die Schildkröte!

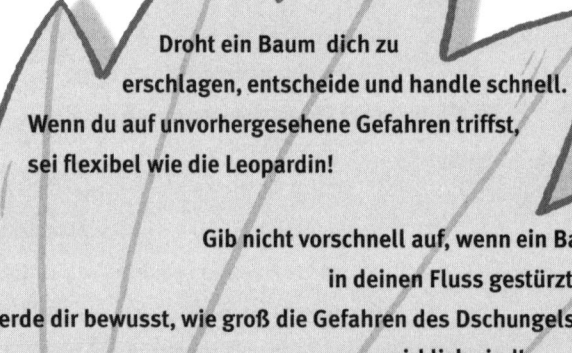

Droht ein Baum dich zu
erschlagen, entscheide und handle schnell.
Wenn du auf unvorhergesehene Gefahren triffst,
sei flexibel wie die Leopardin!

Gib nicht vorschnell auf, wenn ein Baum
in deinen Fluss gestürzt ist!
Werde dir bewusst, wie groß die Gefahren des Dschungels
wirklich sind!
Begegne dem Leben wie ein Elefant:
Habe Selbstvertrauen und Durchhaltevermögen!

Wenn es neblig ist und viele Flussabzweigungen
in verschiedene Richtungen führen,
dann verliere wie der Adler nie dein Ziel
aus den Augen!

Anton lächelte, weil ihm bewusst wurde, dass die Erkenntnis des heutigen Tages noch fehlte. Er notierte:

Halte die Augen offen und lerne stets von den anderen Tieren – so wie die Ameise.

Noch einmal überflog er seine Aufzeichnungen. Ja, er war fest entschlossen, sich die Stärken der anderen so gut wie möglich zu Eigen zu machen. Natürlich war ihm bewusst, dass er stets eine Ameise bleiben würde. Etwas anderes wollte er auch gar nicht sein. Aber gleichzeitig fühlte er, dass ebenso ein klein wenig von einem Affen, einer Schildkröte, einer Leopardin, einem Elefanten und einem Adler in ihm steckte. Sogar von einer Eule, denn er wollte das, was er gelernt hatte, unbedingt umsetzen. Wie hatte Minerva gesagt? Nicht alles auf einmal, aber nach und nach. Noch vor einer Woche hätte er gezaudert und gezögert. Heute war er sicher, es schaffen zu können.

Ja, in den letzten sieben Tagen war er – ohne es zu ahnen – im Kreis gefahren. Nach vielen Abenteuern war er fast wieder am Ausgangspunkt seiner Reise angekommen. Aber eben nur fast. Denn er hatte viel dazugelernt.

Für seine Arbeit.

Und fürs Leben.

Einige Zeit später

»Seid ihr soweit?«, rief Anton den vier Tunnelgrabungsameisen zu, die er inzwischen – neben einem Dutzend weiterer – als Teamleiter betreute. »Dann hebt an!«

Ohne Mühe stemmten die vier Arbeiter das Blatt in die Höhe, das sich in ihrer Mitte befand und auf dem sich allerlei Unrat türmte. Eine Ameise allein hätte mindestens vierzig- oder fünfzigmal hin- und herlaufen müssen, um den Bauschutt nach draußen zu befördern. Mit der Blatttrage sparten sie eine Menge Zeit. Als Nächstes hatte Anton vor, eine Rutsche aus Bananenblättern anfertigen zu lassen. Wenn alles so lief, wie er es sich vorstellte, musste das überschüssige Material künftig nicht mehr mühevoll abtransportiert werden. Stattdessen würden die Arbeiter den Müll nur bis zum nächsten Ausgang bringen, ihn dort auf die Rutsche kippen und ihm dann nachschauen, wie er sich seinen Weg hangabwärts zur Schutthalde bahnte. Auch diese Neuerung würde Zeit sparen und die Arbeit erleichtern. Vielleicht würde er sich sogar irgendwann einmal an die Konstruktion des Gebläses wagen, das ihm seinerzeit im Traum erschienen war.

Antons Kreativität war einer der Hauptgründe für seine Karriere, obwohl es zunächst ganz und gar nicht danach ausgesehen hatte, dass er in seinem

Beruf vorankommen würde. Nach seinem Seminar hatte er so viele neue Ideen gehabt, dass er von seinen Kollegen und nicht zuletzt von seinem Chef nur belächelt worden war.

Eine Blatttrage? Einfach lächerlich! Ameisen tragen ihre Lasten auf dem Rücken und nirgendwo sonst! Solche Äußerungen hatte er anfangs vielfach zu hören bekommen und im ersten Moment beinahe den Mut verloren, doch dann war ihm wieder in den Sinn gekommen, wie sehr Alfons der Affe seine Ideen gegen Killerphrasen verteidigen hatte müssen. Also hatte Anton sich ein Herz gefasst, die anderen reden lassen und versucht, möglichst viel von dem umzusetzen, was er gelernt hatte. Die Notizen, die er sich während des Seminars gemacht hatte, hingen über seinem Bett, sodass er sie nie aus den Augen verlor. Außerdem hatte er gemäß der Empfehlung Minervas eine Lernpartnerschaft gebildet: Elmar der Elefant kam bei seinen Wanderschaften regelmäßig an Antons Ameisenhügel vorbei, und bei diesen Gelegenheiten tauschten sie ihre Erfahrungen aus.

Obwohl Elmar mit vielen guten Tipps aufwartete und Anton immer wieder zum Durchhalten motivierte, war der Anfang hart gewesen. Mehr als einmal war Anton versucht, seine Notizen abzuhängen und wieder ein normales Leben zu führen, ohne den Spott der anderen. Tief im Inneren hatte er jedoch gewusst, dass er eine riesige Chance verspielen würde, wenn er einfach klein beigäbe und sich wieder in seine Routine fügte. Also gab er nicht auf – ganz in Elmars Sinn –, und siehe da: Nach und nach setzten sich seine Ideen durch. Selbst der Tunnelgrabungsleiter sah ein, dass eine Blatttrage eine Menge Arbeit ersparte. Deshalb hatte er bei der Ameisenkönigin ein gutes Wort für Anton eingelegt. Kurz darauf war Anton befördert worden. Er hatte Karriere gemacht, ohne es wirklich darauf anzulegen. Irgendwie kam der Erfolg von ganz allein. Es war keine Spitzenkarriere, aber immerhin. Ganz bis nach oben drängte es ihn auch gar nicht, denn das hätte geheißen, noch viel, viel mehr zu arbeiten. Das wollte er nicht. Er hatte sich gut überlegt, was er aus seinem Leben machen wollte. Die Arbeit war ihm wichtig, sehr sogar, aber er wollte auch noch Zeit für Amelie und für sich selbst haben. Er hatte Spaß daran gefunden, mit seiner Angebeteten ausgedehnte Spaziergänge außerhalb des Ameisenhügels zu unternehmen, um immer wieder neue Eindrücke von der Welt, in der sie lebten, zu bekommen. Außerdem malte er viel, und gelegentlich las er voller Muse ein Buch.

Im Gegensatz zu vielen seiner Kollegen nahm Anton sich diese Zeit für sein Privatleben. Auch dabei wurde er anfangs kritisch beäugt. Eine Ameise, die – zumindest meistens – pünktlich nach Hause ging, noch dazu eine Ameise mit Führungsverantwortung, das widersprach jeglicher Tradition. Aber Anton sagte sich, dass es nicht darauf ankomme, *wie lange* eine Ameise am Tag arbeite, sondern darauf, welches *Arbeitspensum* sie am Tag bewältige. Und er bewältigte zum Teil noch mehr als seine Kollegen, weil er sich den Rat von Herrn S.C.H.

zunutze gemacht hatte: Er plante, was zu planen ging. Zunächst studierte er jene Teile des Ameisenhügels, in denen neue Tunnel zu graben waren, dann wertete er diese Informationen aus und suchte, gemeinsam mit seinen Ameisenarbeitern, nach Lösungen. Die beste Lösung wurde schließlich umgesetzt, und kam es zu unvorhergesehenen Zwischenfällen – wie damals, als ein Regenschauer den Anbau des Ameisenhügels unter Wasser gesetzt und ihn unzugänglich gemacht hatte –, war Anton flexibel genug, seine Planung abzuändern und gegebenenfalls auf Alternativlösungen zurückzugreifen.

Allerdings wusste Anton auch, dass es Dinge gab, die er noch besser machen konnte. Zum Beispiel hatte er bislang kaum darauf geachtet, welche Stärken seine Ameisenmitarbeiter hatten. Es gab kräftige, die sich für den Transport eigneten, geistreiche, in denen sicher viele Verbesserungsvorschläge schlummerten, und so weiter. Ob es Anton künftig gelingen würde, die Ameisen seines Teams entsprechend ihren Fähigkeiten einzusetzen? Er wollte es zumindest versuchen.

Ja, er wusste, dass er noch lange nicht perfekt war und es auch nie werden würde, aber er bemühte sich auch in seinem Ameisenhügel, die Augen offen zu halten und täglich hinzuzulernen.

Anton plante vor allem seine Zeit. Da er – privat wie beruflich – seine Ziele kannte, teilte er sich seine Tage so ein, dass nichts zu kurz kam. Er plante seine Aufgaben großzügig, also mit genügend Zeitpuffer, für den Fall, dass etwas dazwischenkam – denn es kam fast immer etwas dazwischen. Und wann immer es sein Tagesablauf zuließ, blockierte Anton sich eine »stille Stunde«, in der er sich von der Hektik des Tunnelbaus zurückzog und sich in aller Ruhe jenen Aufgaben widmete, für die er sich konzentrieren musste. Er hatte festgestellt: Ohne Ablenkung erledigten sich Dinge, für die er früher Tage benötigt hatte, wie im Flug. Auf diese Weise hatte er seine Arbeit gut im Griff – und das wiederum ermöglichte ihm ein erfülltes Privatleben.

Derart in Gedanken vertieft, war Anton gar nicht aufgefallen, dass jemand ihn sprechen wollte. Erst, als ihn etwas in die Schulter piekte, wurde er auf den Moskitokurier aufmerksam, der summend neben ihm schwebte.

»Bist du Anton?«, fragte der Moskito.

Anton nickte.

»Ich habe eine Nachricht für dich.« Mit diesen Worten überreichte der Kurier ihm ein beschriebenes Feigenblatt.

Es war eine Einladung zu einem Nachtreffen. Minerva trommelte alle Seminarteilnehmer zusammen, um in gemeinsamer Runde über Fortschritte, aber auch über Vorgehensweisen bei Problemen zu diskutieren.

Eine gute Idee, wie Anton fand. Nicht nur, weil er sich davon viele neue Anregungen und einen weiteren Motivationsschub versprach, sondern auch, weil er Lust verspürte, seine ungleichen Freunde wiederzusehen und zu hören, wie sie sich in ihrem ganz persönlichen Dschungel zurechtfanden.

Ein paar Tage später machte er sich schließlich auf den Weg, so wie damals. Auch heute erhob sich die Sonne über den Horizont, um den Frühnebel zu vertreiben, der auf der afrikanischen Steppe lag. Die Schatten der Bäume schrumpften mehr und mehr, und die weite Ebene begann sich wieder aufzuheizen wie ein Backofen.

Vögel zwitscherten in den Zweigen, Antilopen und Gnus weideten die dürren Gräser ab, Giraffen reckten ihre langen Hälse dem Himmel entgegen. Für die meisten Tiere war es ein Morgen wie jeder andere.

Für Anton allerdings ganz und gar nicht. Während er durch den heißen Sand stapfte und fröhlich vor sich hin pfiff, wurde ihm klar, welch unsagbares Glück es doch gewesen war, dass ausgerechnet er an der Floßfahrt hatte teilnehmen dürfen. Wäre die Floßfahrt nicht gewesen, hätte er nie seine starke Seite erkannt. Er hätte nie den Entschluss gefasst, von anderen zu lernen, und nie an sich gearbeitet, um sich weiterzuentwickeln. Erst das Dschungel-Seminar hat ihm die Augen geöffnet und ihm den Mut gegeben, mit seinem eigenen Floß vom Ufer abzulegen.

Danksagung

Es gibt drei Menschen, denen ich – vor allen anderen – dankbar bin, dass ich dieses Buch schreiben durfte:

Jens Schadendorf, Programmleiter von Econ Business, der die Idee für das *Dschungel-Seminar* hatte und mich damit infizierte.

Bastian Schlück, meinem Agenten, der eine Gabe dafür hat, mir immer wieder hochinteressante Buchprojekte zu vermitteln.

Und nicht zuletzt meiner Frau – sie weiß, weshalb.

Inhalt